EDUCAÇÃO
para a
MORTE

Editora Correio Fraterno
Av. Humberto de Alencar Castelo Branco, 2955
CEP 09851-000 – São Bernardo do Campo – SP
Telefone: 11 4109-2939
correiofraterno@correiofraterno.com.br
www.correiofraterno.com.br

Vinculada ao  www.laremmanuel.org.br

Editora Paideia
Rua Dr. Bacelar, 505 – Vila Clementino
CEP 04026-001 – São Paulo – SP
Telefone: 11 5549-3053
vendas@editorapaideia.com.br
www.editorapaideia.com.br

Apoio da Maria Virgínia e J. Herculano Pires www.herculanopires.org.br

J. HERCULANO PIRES

EDUCAÇÃO *para a* MORTE

© José Herculano Pires

1ª edição conjunta
Outubro de 2016 – 4.000 exemplares

A reprodução parcial ou total desta obra, por qualquer meio, somente será permitida com a autorização por escrito da editora. (Lei nº 9.610 de 19.02.1998)

Impresso no Brasil
Presita en Brazilo – Printed in Brazil

COORDENAÇÃO EDITORIAL
Herculano Ferraz Pires
Cristian Fernandes

REVISÃO
Mariana Sartor
Tatiana Cury Pires

CAPA E PROJETO GRÁFICO DE MIOLO
Bruno Tonel

CATALOGAÇÃO ELABORADA NAS EDITORAS

Pires, José Herculano, 1914-1979
    Educação para a morte / J. Herculano Pires. – 1ª ed. conj.
– São Bernardo do Campo : Correio Fraterno, 2016.
    208 p.

    ISBN 978-85-98563-89-3

    1. Morte. 2. Conceito da morte. 3. Educação. 4. Psicologia da morte. 5. Consciência da morte. 6. Espiritismo. 7. Reencarnação. I. Título.

CDD 133.93

SUMÁRIO

Obra e autor 9

Vida e morte 11

Educação para a morte 13

Conceito atual da morte 23

Os vivos e os mortos 37

A extinção da vida 47

Os meios de fuga 57

A heroica pancada 67

Inquietações primaveris 77

A escada de Jacó 87

Jovens e maduros 97

A eterna juventude 107

O ato educativo 115

O mandamento difícil 127

A consciência da morte 137

Dialética da consciência 147

Espias e batedores 157

Os amantes da morte 167

Os voluntários da morte 175

Psicologia da morte 185

Os mortos ressuscitam 195

OBRA E AUTOR

J. HERCULANO PIRES morreu a 9 de março de 1979, em sua residência, em São Paulo. O coração recusou-se a prosseguir funcionando, abrindo, ao filósofo do espiritismo, as portas do novo mundo velho. Sim, novo e velho ao mesmo tempo, como ele afirma aqui, nesta obra, ressaltando porém que o velho não significa roto, carcomido, mas pré-existente, anterior, real. E Herculano mergulhou fundo nesse novo mundo, o mergulho de quem houvera se autoeducado durante mais de seis décadas para a realidade dialética da morte. Fora reconquistar todas as prerrogativas do espírito, perdidas ao renascer no corpo humano.

Um pouco antes, porém, que o sol da vida somática baixasse de vez no horizonte da experiência terrena, Herculano revisou os conceitos humanos da morte, chegando à conclusão de que a fuga da morte, tantas e tantas vezes repetida pelo homem, significa a fuga da própria vida. Por isso, às vésperas de encetar a grande viagem, na tranquilidade silenciosa de suas pródigas madrugadas, gostosamente insones, o filósofo leal a Kardec reuniu as experiências, positivas ou frustradas, da cultura humana para afirmar a necessidade de instituir-se na Terra a 'educação para a morte'.

O homem nasce e ensinam-lhe a educação para a vida. Não obstante, a morte é o certo-negado, omitido sempre que possível, pintado nas cores do vazio misterioso. Por isso, nem há vida plena nem morte tranquila. Tudo se resume num viver em sobressaltos que as próprias religiões alimentam.

Portanto, reeditamos esta obra na certeza de que com ela o leitor terá oportunidade de revisar os seus caminhos de vida. A verdadeira, claro.

Os editores

VIDA E MORTE

J. Herculano Pires

Não procures no túmulo vazio
a alma querida que deixou a Terra.
A morte encerra a vida e a vida encerra
a morte – como eterno desafio.

Ninguém fica no túmulo sombrio
onde somente o corpo é que se enterra.
A alma se eleva além da vida e erra
em mares de bonança e de amavio.

Busca no céu, nos ares, no infinito,
na quinta dimensão, no firmamento,
o ser querido que te deixa aflito.

Hás de encontrá-lo quando, num momento,
rompendo as ilusões do teu conflito,
possas falar-lhe pelo pensamento.

EDUCAÇÃO PARA A MORTE

VOU ME DEITAR para dormir. Mas posso morrer durante o sono. Estou bem, não tenho nenhum motivo especial para pensar na morte neste momento. Nem para desejá-la. Mas a morte não é uma opção, nem uma possibilidade. É uma certeza. Quando o júri de Atenas condenou Sócrates à morte, em vez de lhe dar um prêmio, sua mulher correu aflita para a prisão, gritando-lhe: "Sócrates, os juízes te condenaram à morte". O filósofo respondeu calmamente: "Eles também já estão condenados". A mulher insistiu no seu desespero: "Mas é uma sentença injusta!" E ele perguntou: "Preferias que fosse justa?" A serenidade de Sócrates era o produto de um processo educacional: a educação para a morte. É curioso notar que em nosso tempo só cuidamos da educação para a vida. Esquece-mo-nos de que vivemos para morrer. A morte é o nosso fim inevitável. No entanto, chegamos geralmente a ela sem o menor preparo. As religiões nos preparam, bem ou mal, para a outra vida. E depois que morremos encomendam o nosso cadáver aos deuses, como se ele não fosse precisamente aquilo que deixamos na Terra ao morrer, o fardo inútil que não serve mais para nada.

Quem primeiro cuidou da psicologia da morte e da educação para a morte, em nosso tempo, foi Allan Kardec. Ele realizou uma pesquisa psicológica exemplar sobre o fenômeno da morte. Por anos seguidos, falou a respeito com os espíritos de mortos. E, considerando o sono como irmão ou primo da morte, pesquisou também os espíritos de pessoas vivas durante o sono. Isso porque, segundo verificara, os que dormem saem do corpo durante o sono. Alguns saem e não voltam: morrem. Chegou, com antecedência de mais de um século, a esta conclusão, a que as ciências atuais também chegaram. Com a mesma tranquilidade de Sócrates, Victor Hugo concluiu: "Morrer não é morrer, mas apenas mudar-se".

As religiões podiam ter prestado um grande serviço à humanidade se houvessem colocado o problema da morte de forma natural. Mas, nascidas da magia e amamentadas pela mitologia, só fizeram complicar as coisas. A mudança simples de que falou Victor Hugo transformou-se, nas mãos de clérigos e teólogos, numa passagem dantesca pela *selva selvagia* da *Divina comédia*. Nas civilizações agrárias e pastoris, graças ao contato permanente com os processos naturais, a morte era encarada sem complicações. Os rituais suntuosos, os cerimoniais e sacramentos surgiram com o desenvolvimento da civilização, no deslanche da imaginação criadora. A mudança revestiu-se de exigências antinaturais, complicando-se com a burocracia dos passaportes, recomendações, trânsito sombrio na barca de Caronte, processos de julgamento seguidos de condenações tenebrosas e assim por diante. Logo mais, para satisfazer o desejo de sobrevivência, surgiu a monstruosa arquitetura da morte, com mausoléus, pirâmides, mumificações que permitiam a ilusão do corpo conservado e da permanência do morto acima da terra e dos vermes. Morrer já não era morrer, mas metamorfosear-se, virar múmia nos sarcófagos ou assombração maléfica nos mistérios da noite. As múmias, pelo menos, tiveram utilidade posterior, como vemos na história da medicina, em que civilizados valeram-se depois dos efeitos curadores do pó de múmia. E quando as múmias se acabaram, não se achando nenhuma para remédio, surgiram os fabricantes de múmias falsas, que supriam a falta do pó milagroso. Os mortos socorriam os vivos na forma lobateana do pó de pirlimpimpim.

    Muito antes de Augusto Comte, os médicos haviam descoberto que os vivos dependiam sempre, e cada vez mais, da assistência e do governo dos mortos. De toda essa embrulhada resultou o pavor da morte entre os mortais. Ainda hoje os antropólogos podem constatar, entre os povos primitivos, a aceitação natural da morte. Entre as tribos selvagens da África, da Austrália, da América e das regiões árticas, os velhos são mortos a pauladas ou fogem para o descampado a fim de serem devorados pelas feras. O lobo ou o urso que devora o velho e a velha expostos, voluntariamente, ao sacrifício será depois abatido pelos jovens caçadores que se alimentam da carne do animal reforçada pelos elementos vitais dos velhos sacrificados. É um processo generoso de troca, no qual os clãs e as tribos se revigoram.

O pavor maior da morte provém da ideia de solidão e escuridão. Mas os teólogos acharam que isso era pouco e oficializaram as lendas remotas do inferno, do purgatório e do limbo, a que não escapam nem mesmo as crianças mortas sem batismo. De tal maneira, aumentaram-se tanto os motivos do pavor da morte, que ela chegou a significar desonra e vergonha. Para os judeus, a morte se tornou a própria impureza. Os túmulos e os cemitérios foram considerados impuros. Os cenotáfios, túmulos vazios construídos em honra aos profetas, mostram bem essa aversão à morte. Como podiam eles aceitar um messias que vinha da Galileia dos gentios, onde o palácio de Herodes fora construído sobre terra de cemitérios? Como aceitar esse messias que morreu na cruz, vencido pelos romanos impuros, que arrancara Lázaro da sepultura (já cheirando mal) e o fizera seu companheiro nas lides sagradas do messianismo?

Ainda em nossos dias, o respeito aos mortos está envolvido numa forma velada de repulsa e depreciação. A morte transforma o homem em cadáver, risca-o do número dos vivos, tira-lhe todas as possibilidades de ação e portanto de significação no meio humano. "O morto está morto", dizem os materialistas e o populacho ignaro. O papa Paulo VI declarou, e a imprensa mundial divulgou em toda parte, que "existe uma vida após a morte, mas não sabemos como ela é". Isso quer dizer que a própria Igreja nada mais sabe da morte, a não ser que morremos. A ideia cristã da morte, sustentada e defendida pelas diversas igrejas, é simplesmente aterradora. Os pecadores, ao morrer, se veem diante de um tribunal divino que os condena a suplícios eternos. Os santos e os beatos não escapam às condenações, não obstante a misericórdia de Deus, que não sabemos como pode ser misericordioso com tanta impiedade. As próprias crianças inocentes, que não tiveram tempo de pecar, vão para o limbo misterioso e sombrio pela simples falta do batismo. Os criminosos broncos, ignorantes e todo o grosso da espécie humana são atirados nas garras de satanás, um anjo decaído que só não encarna o mal porque não deve ter carne. Mas com dinheiro e a adoração interesseira a Deus essas almas podem ser perdoadas, de maneira que só para os pobres não há salvação, mas para os ricos o céu se abre ao impacto dos *tedéuns* suntuosos, das missas cantadas e das gordas contribuições para a Igreja. Nunca se viu soberano mais venal, e tribunal mais injusto. A depreciação da morte gerou o desabrido comércio dos traficantes do perdão e da indulgência divina. O vil dinheiro das roubalheiras e injustiças terrenas consegue furar a justiça divina, de maneira que o desprestígio dos mortos chega ao máximo da vergonha. A felicidade eterna depende do recheio dos cofres deixados na Terra.

Diante de tudo isso, o conceito da morte se azinhavra nas mãos dos cambistas da simonia, esvazia-se na descrença total, transforma-se no conceito do nada, que Kant definiu como conceito vazio. O morto apodrece enterrado, perde a riqueza da vida, vira pasto de vermes e sua misteriosa salvação depende das condições financeiras da família terrena. O morto é um fraco, um falido e um condenado, inteiramente dependente dos vivos na Terra.

O povo não compreende bem todo esse quadro de misérias em que os teólogos envolveram a morte, mas sente o nojo e o medo da morte, introjetados em sua consciência pela força dos poderes divinos que o ameaçam desde o berço ao túmulo e ao além-túmulo. Não é de admirar que os pais e as mães, os parentes dos mortos se apavorem e se desesperem diante do fato irremissível da morte.

Jesus ensinou e provou que a morte se resolve na 'Páscoa' da ressurreição, que ninguém morre, que todos temos o corpo espiritual e vivemos no além--túmulo como vivos mais vivos que os encarnados. Paulo de Tarso proclamou que o corpo espiritual é o corpo da ressurreição,[1] mas a permanente imagem do Cristo crucificado, das procissões absurdas do senhor morto – heresia clamorosa –, as cerimônias da via-sacra e as imagens aterradoras do inferno cristão – mais impiedoso e brutal do que os infernos do paganismo – marcados a fogo na mente humana através de dois milênios, esmagam e envilecem a alma supersticiosa dos homens.

Não é de admirar que os teólogos atuais, divididos em várias correntes de sofistas cristãos moderníssimos, estejam hoje proclamando, com uma alegria leviana de debiloides, a morte de Deus e o estabelecimento do cristianismo ateu. Para esses novos teólogos, o cadáver de Deus foi enterrado pelo louco de Nietzsche, criação fantástica e infeliz do pobre filósofo que morreu louco.

O clero cristão, tanto católico como protestante, tanto do Ocidente como do Oriente, perdeu a

---

1 Capítulo 22 da primeira epístola aos Coríntios.

capacidade de socorrer e consolar os que se desesperam com a morte de pessoas amadas. Seus instrumentos de consolação perderam a eficiência antiga, que se apoiava no obscurantismo das populações permanentemente ameaçadas pela ira de Deus. A Igreja, mãe da sabedoria infusa, recebida do céu como graça especial concedida aos eleitos, confessa que nada sabe sobre a vida espiritual e só aconselha aos fiéis as práticas antiquadas das rezas e cerimônias pagas, para que os mortos queridos sejam beneficiados no outro mundo ao tinir das moedas terrenas. O Messias espantou a chicote os animais do Templo que deviam ser comprados para o sacrifício redentor no altar simoníaco e derrubou as mesas dos cambistas, que trocavam no templo as moedas gregas e romanas pelas moedas sagradas dos magnatas despenseiros da misericórdia divina. O episódio esclarecedor foi suplantado na mente popular pelo impacto esmagador das ameaças celestiais contra os descrentes, esses rebeldes demoníacos. Em vão o Cristo ensinou que as moedas de César só valem na Terra. Há dois mil anos essas moedas impuras vêm sendo aceitas por Deus para o resgate das almas condenadas. Quem pode, em sã consciência, acreditar hoje em dia numa justiça divina que funciona com o mesmo combustível da justiça terrena? Os sacerdotes foram treinados a falar com voz empostada, melíflua e fingida, para, à semelhança da voz das antigas sereias, embalar o povo nas ilusões de um amor venal e sem piedade. Voz doce e gestos compassivos não conseguem mais, em nossos dias, do que irritar as pessoas de bom senso. O Cristo consolador foi traído pelos agentes da misericórdia divina que desceu ao banco das pechinchas, no comércio impuro das consolações fáceis. Os homens preferem jogar no lixo as suas almas, que Deus e o diabo disputam não se sabe por quê.

CONCEITO ATUAL DA MORTE

O PÓ DE múmia desapareceu no seu próprio prestígio. Sua ineficácia curativa correspondia à ineficácia das múmias para eternizar os corpos perecíveis. A cultura do Renascimento floresceu e desenvolveu-se na Terra. Em vão a Igreja condenou as pesquisas, combateu-as, amaldiçoou-as. Galileu teve de se defender perante os tribunais da Inquisição, Giordano Bruno foi queimado em fogueira criminosa e herética por sustentar que a Terra girava em torno do Sol. Descartes, o filósofo espadachim que não engoliu a falsa paciência dos padres do Colégio de La Fleche, teve de fugir para a Suécia e, num golpe de esgrima, recolocar o problema copérnico do heliocentrismo: "A Terra é fixa na sua atmosfera – escreveu – que gira em torno do Sol". Os paquidermes da ciência divina não perceberam o golpe. A família de Espinosa teve de fugir de Portugal para a Holanda. Sua mãe o levava no ventre e Portugal perdeu a única chance de ter um filósofo de verdade. Espinosa nasceu na Holanda e esmagou com sua ética a pobreza mental dos clérigos. Francis Bacon sofreu perseguições mas não cedeu. Nasceu o movimento de resistência lógica em todo o mundo e a ciência humana arquivou na Terra a suposta e infusa ciência divina. Gritaram os retrógrados que o ateísmo dominava o mundo. Mas os resistentes não cediam e ganhavam todas as batalhas nas emboscadas da inteligência. Expulso da sinagoga, guardiã esclerosada da Bíblia judaica, Espinosa traça os lineamentos da matemática filosófica, esfarelando, em seus dedos, a calúnia do ateísmo para a nova cultura. Fez do conceito de Deus o fundamento do pensamento. Estruturou o panteísmo em termos esmagadores. Chamaram-no 'ébrio de Deus'. Kant correu em socorro a Rousseau com sua crítica da razão. Voltaire feria com o sorriso da sua ironia mortal a fera encurralada do Vaticano e a chamava corajosamente: *l'infeme*. Com um pé na cova e outro na terra firme, como dizia de si mesmo, manejava com perícia suas armas terríveis. Não temia a morte, pois já se considerava, por sua saúde periclitante, um semimorto. Nada se podia fazer contra ele, senão suportá-lo. O século 18 consolidara o prestígio da ciência. Os clérigos, batidos em todos os setores, lutavam para restabelecer o prestígio divino que eles mesmos haviam destruído. O evolucionismo de Spencer se opunha, brilhantemente, à concepção estática do mundo. Darwin pesquisava o problema das origens do homem em termos puramente materiais, mas Wallace dosava o seu materialismo com a verdade espiritual. O século 19 sofria então a invasão dos mortos, na América e na Europa. Os fantasmas contrabalançavam, com suas aparições, o desequilíbrio materialista da nova cultura, baseada na heresia das pesquisas científicas. Foi então que Denizard Rivail, discípulo de Pestalozzi, continuador do mestre, professor universitário, filósofo, sacudiu os novos tempos com a publicação de *O livro dos espíritos*, proclamando o reestabelecimento da verdade espiritual contra o vandalismo teológico. Um homem solitário, dotado de profundo saber e lógica inabalável, despertava contra si todas as forças organizadas do novo mundo cultural. E sozinho enfrentava as iras da Igreja, da ciência e da filosofia. Kant, que testemunhara os fenômenos de vidência do sábio sueco Swedenborg, não arredava pé da sua posição científica, afirmando que a ciência só era possível no plano sensorial, onde funciona a dialética. Era impedido ao homem penetrar nos problemas metafísicos. Mas Kardec respondia com os fatos, sob uma avalanche de contradições sofísticas, despejadas sobre ele de todos os quadrantes da nova cultura. Lutou e sofreu sozinho, solitário na sua certeza. Ensinava, sem cessar, que os fenômenos mediúnicos eram fatos, coisas palpáveis e não abstrações imaginárias. O sábio inglês William Crookes, chamado a combatê-lo, entrou na arena das pesquisas psíquicas por três anos e confirmou a realidade da descoberta kardeciana. Friedrich Zöllner fez o mesmo na Alemanha e conseguiu resultados positivos. Ochorowicz confirmou a realidade dos fenômenos em Varsóvia. O século 19, como diria mais tarde Léon Denis, tinha a missão de restabelecer, cientificamente, a concepção espiritual do homem. O movimento neoespiritualista empolgou a Inglaterra e os Estados Unidos.

Lombroso levantava-se irado, na Itália, contra essa ressurreição ameaçadora das antigas superstições. O professor Chiaia, de Milão, o desafiou para assistir experiências com a famosa médium Eusápia Paladino. Lombroso aceitou o desafio e teve a ventura de receber, nos braços, sua própria mãe num fenômeno de materialização. Charles Richet, na França, funda a metapsíquica. Era o maior fisiologista do século, prêmio Nobel, diretor da Faculdade de Medicina de Paris. Kardec, o solitário, já não estava mais só. Numerosos cientistas e intelectuais o apoiavam. Conan Doyle, médico e escritor de renome, tornara-se ardoroso propagador do espiritismo. Victor Hugo pronunciou-se a favor da nova doutrina. Estava cumprida a missão do século 19 e Léon Denis fazia conferências em toda a Europa sobre a missão do século 20. Clérigos e teólogos sensibilizaram-se com os acontecimentos e surgiu, numa igreja de Paris, um sacerdote corajoso, Meningem, professor da Sorbonne, que pregava a favor do espiritismo e escreveu um livro a respeito: *Cristianismo do Cristo e o dos seus vigários.* Foi expulso da Igreja.

Em 1935 Richet falecia em Paris, entregando aos seus discípulos a obra monumental do *Tratado de metapsíquica.* Geley e Osty deram prosseguimento ao seu trabalho, no Instituto Internacional de Metapsíquica, em Paris. Mas a imprensa mundial trombeteou que a metapsíquica morrera e havia sido enterrada com Richet. Não sabia que, cinco anos antes, em 1930, Rhine e McDougall haviam reiniciado as pesquisas metapsíquicas na Universidade de Duke, com a denominação nova de parapsicologia.

Em 1940, o professor Rhine anunciava a comprovação científica da telepatia, logo seguida das provas de outros fenômenos. Declarou, a seguir, a existência de um conteúdo extrafísico no homem, com a aprovação de pesquisadores da Universidade de Londres, de Oxford e de Cambridge. Seguindo o esquema de pesquisas de Kardec, mas agora enriquecido de novos métodos e do auxílio de aparelhagem tecnológica, fez esta proclamação que provocou protestos dos conservadores: "A mente não é física e, por meios não físicos, age sobre a matéria.

O cérebro é simplesmente o instrumento de manifestação da mente no plano físico". Isso equivale a dizer que o homem é espírito e não apenas um organismo biológico. Posteriormente, as comprovações da tese de Kardec seguiram-se nas experiências parapsicológicas. Um por um, os fenômenos pesquisados por Kardec foram sendo repetidos na investigação. Surgiu a pesquisa mais complexa e perigosa: a dos chamados fenômenos teta, referentes às manifestações de espíritos de mortos. O professor Pratt assumiu a direção do Grupo Teta de pesquisas e obteve resultados acentuados. Louise Rhine efetuou pesquisas de campo e verificou a realidade das aparições e comunicações de espíritos. Só faltava agora a pesquisa de reencarnação, mais difícil ainda pela impossibilidade de provas materiais de que uma pessoa foi realmente outra em encarnação anterior. O professor Ian Stevenson, da Universidade da Califórnia, incumbiu-se desse setor e publicou um volume que praticamente confirma as pesquisas de Albert De Rochas em Paris, no século passado.[2] A parapsicologia espalhou-se por todo o mundo civilizado e conseguiu furar a

---

2   O texto deste livro foi mantido fiel ao original, sendo importante observar, para o entendimento de determinadas colocações e referências de tempo, que a obra foi escrita na década de 1970 e publicada originalmente em 1984, cinco anos depois da morte do autor. (N.E.)

'cortina de ferro', penetrando a fundo na URSS,[3] onde o professor Vladimir Raikov iniciou as pesquisas na Universidade de Moscou. Cientistas soviéticos revelaram, em um simpósio em Moscou, que estudavam as teorias de um racionalista francês do século passado, Allan Kardec. Da Universidade de Rajasthan, na Índia, surgiram os trabalhos do professor Hemendra Nath Banerjee. Tanto Stevenson como Banerjee estiveram em São Paulo e fizeram conferências sobre o assunto,[4] na Associação Paulista de Medicina e na Biblioteca Municipal Mário de Andrade, revelando-se convictos da existência da reencarnação. Estava praticamente confirmada pelas pesquisas atuais que foram feitas por Kardec, Crookes, Richet e outros no século passado.

Ressurgiu assim, no seio das próprias ciências, a concepção do homem como espírito e o conceito da morte como simples descondicionamento do ser, envolvido e condicionado na forma humana carnal, de origem animal. Reestabelece-se também a ideia cristã da morte como libertação que reintegra o morto na sua dignidade humana, vivo e ativo. Ante a unanimidade das conclusões científicas, na confluência das provas universitárias em todo o mundo, torna-se impossível o retrocesso à antiga

---
3 Atual Rússia. (N.E.)
4 No início da década de 1970. (N.E.)

concepção teológica de origem mítica, que faz do morto um condenado desprovido da sua capacidade de jurisdição própria, de vontade livre e livre-arbítrio. Reconhecendo-se que o homem é essência e não forma, e que a essência determina a forma de sua adaptação à vida terrena, o princípio da identificação do homem pelo corpo torna-se insatisfatório e até mesmo absurdo. As filosofias da existência, por sua vez, em todas as suas 'correntes', chegaram à conclusão de que 'a existência é subjetividade', o que vale dizer que é espírito. As provas obtidas por Raul de Montandon na França, com fotos à luz infravermelha, mostraram que quando mortos por éter, pequenos animais liberavam uma forma semelhante ao corpo morto. Essas provas foram confirmadas pelas fotografias recentes de câmara Kirlian ajustadas a microscópios eletrônicos de grande potência, por cientistas soviéticos, na Universidade de Kirov. Ao mesmo tempo, os pesquisadores materialistas conseguiam ver e fotografar o corpo espiritual do homem, nas pesquisas com moribundos, no momento da morte. Todo esse acervo espantoso de fatos naturais ou provocados pela pesquisa científica dão inegável validade ao conceito atual da morte como libertação do homem para a vida transcendente espiritual.

Querer opor a todas essas provas a simples negação materialista, que serve apenas de argumentos, é uma temeridade só aceitável da parte de criaturas iniciantes, desprovidas de conhecimentos e incapazes de compreender o significado das pesquisas científicas.[5] A educação para a morte não é nenhuma forma de preparação religiosa para a conquista do céu. É um processo educacional que tende a ajustar os educandos à realidade da vida, que não consiste apenas no viver, mas também no existir e no transcender. A vida e a morte constituem os limites da existência. Entre o primeiro grito da criança ao nascer, e o último suspiro do velho ao morrer, temos a consciência do ser e do seu destino. As plantas e os animais simplesmente vivem, deixam-se levar na correnteza da vivência, entregues às forças naturais do tropismo e dos instintos. São seres em desenvolvimento, dirigidos pelo clã vital. Mas a criatura humana é um ser definido, que reflete o mundo na sua consciência e se ajusta a ele, não para nele permanecer, mas para conquistá-lo, tirar dele o suco das experiências possíveis e transcendê-lo, ou seja, ir além dele. Graças a isso existem as civilizações,

---

5   Consulte-se, a propósito, o livro da dra. Lyn Schroeder e Sheila Ostrander, lançado pela Editora da Universidade de Prentice Hall, nos Estados Unidos, e já traduzido para a nossa língua pela Editora Cultrix, de São Paulo: *Descobertas psíquicas por trás da cortina de ferro*. As autoras são pesquisadoras científicas da referida Universidade e verificaram esses fatos em visita oficial à URSS.

o desenvolvimento histórico da sociedade e o acúmulo de conhecimentos no processo das sucessões dos períodos históricos. O homem que vive sem tomar conhecimento desse processo não viveu, passou apenas pela vida, como diz o poeta: "Passou pela vida e não viveu". Uma criatura assim não entrou ainda na espécie humana, não se integrou nela. A integração se faz pela educação, e por isso a educação para a vida é a primeira a lhe ser dada. É nela que o ser se amolda ao mundo, começando pela educação familial, no lar, e passando depois pela social, na escola, e pela profissional ou experiencial, na qual se faz cidadão do mundo, apto a escolher o seu ofício e a ele se dedicar.

E também por isso, Simone de Beauvoir observou, com razão, que a humanidade não é uma espécie, mas um *devir*. É, podemos dizer, o fluxo da consciência na busca da sua própria realização. O negativismo de Sartre o levou a afirmar que o homem se frustra na morte, pois nela acaba a sua aventura existencial. Mas Heidegger encarou o problema com mais profundidade e concluiu: "O homem se completa na morte". Aquilo que para Sartre parecia o fim definitivo, para Heidegger é o rompimento da existência para lançar-se na transcendência. Isso concorda com as aspirações humanas em todos os tempos e com a afirmação de Richet: *Mors janua vitae*, ou seja, "A morte é a porta da vida". Temos assim definido aquilo que constitui realmente o fim da educação, o seu objetivo único e preciso. Desde o momento da fecundação, no ventre materno, o ser humano avança na transcendência natural do crescimento, do qual todas as coisas e seres participam. Essa é a transcendência horizontal de Jaspers, que a define especialmente no plano social. Mas a transcendência vertical, que não provém simplesmente das leis da vida, mas das aspirações de realização consciencial, só pode realizar-se no plano existencial, em que o desenvolvimento da consciência o leva a buscar a consciência suprema, que é Deus. Nesse plano, o homem supera a fragilidade da existência e projeta-se na conquista de si mesmo, no controle integral de seus pensamentos, sentimentos e ações. Dessa maneira, a morte liberta o ser das condições da existência e nele se completa a realidade do ser.

A educação para a morte é, portanto, a preparação do homem durante a sua existência para a libertação do seu condicionamento; o homem se reintegra na sua natureza espiritual, torna-se espírito, na plenitude de sua essência divina.

As religiões nasceram desse anseio existencial do homem e deviam transformar-se em escolas da educação para a morte. Não conseguiram esse objetivo em virtude da exigência quantitativa, decorrente da febre de proselitismo. Ficaram no plano da transcendência horizontal, imantadas ao fazer existencial. Quem viu e entendeu claramente esse fato foi Bergson, ao mostrar que a moral fechada do indivíduo, que não se prende à moral aberta da sociedade, é a única que corresponde à religião dinâmica do *homo sapiens*. Nas religiões estáticas das comunidades, ficam apenas os indivíduos massivos do *homo faber*, necessariamente dependentes de estruturas sociais. Essas religiões comunitárias são sempre totalitárias, exclusivistas, baseadas num conceito de Deus que é simplesmente o reflexo do homem comum. Esse Deus pode morrer e ressuscitar, como o deus egípcio Osíris, sendo admirado e adorado pela façanha, mas nunca dará aos seus adoradores a menor noção da imortalidade. A medida humana não se aplica a Deus para usá-la nas coordenadas do infinito e da imensidade. Essas duas palavras encerram problemas que dão vertigem ao homem apegado à vida. As religiões sociais transformam-se assim nas religiões da morte. Porque a morte é uma exigência vital da comunidade, que sem ela não se renovaria no tempo com a sucessão das gerações. John Dewey entendeu que a educação é uma exigência da morte para a transmissão da cultura de uma geração para outra. Foi uma interpretação benévola da morte, que ganhou foro de verdade absoluta. Mas a realidade é outra. O pragmatismo instrumental de Dewey levou-o a considerar a morte como o instrumento prático da cultura. O que determina a existência da educação é o impulso de transcendência, o anseio biopsíquico do homem de se projetar além das suas limitações humanas, na busca do divino. Kardec chamou isso de 'lei de adoração', tratando do assunto num capítulo especial do *O livro dos espíritos*. Kant já havia assinalado, bem antes de Dewey, que a educação tem por fim levar o homem ao desenvolvimento de toda a sua perfectibilidade possível. Hubert e Kerschensteiner foram mais longe, considerando a educação como um ato de amor, pelo qual uma consciência madura procura elevar ao seu plano, amadurecer, uma consciência ainda imatura. A própria função da morte, em todos os reinos da Natureza, e não apenas no hominal, é desenvolver as potencialidades latentes, levando-as à realização possível de si mesmas. Nossa visão da educação amplia-se enormemente, universaliza-se, mais do que isso, pantoniza-se, ao compreendermos fora das peias pragmáticas de Dewey. A educação para a morte começa na tomada de consciência dessa realidade espantosa. O desenvolvimento da relva e o desabrochar das flores podem ser ajudados pelo jardineiro, para que ambos os fenômenos possam atingir a sua perfectibilidade possível. Atingidos os limites dessa possibilidade, a relva e as flores murcham e morrem, para avançarem, depois, no ciclo dos renascimentos. A programação do computador cósmico inclui necessariamente o homem que morre para renascer no mesmo ritmo ascensional das coisas e dos seres, mas exigindo a tomada de consciência dessa pantogênese espiritual. As religiões da morte falham nessa fase de transição, interpretando negativamente o fenômeno positivo e renovador que sustenta a juventude do mundo. Por isso Jesus ensinou que aqueles que se apegam à própria vida a perderão, e os que a perdem, na verdade a ganharão. A vida em abundância dos evangelhos é a integração do homem na plenitude da sua consciência divina.

OS VIVOS
E OS MORTOS

Desconhecendo a complexidade do processo da vida, o homem terreno sempre se apegou, principalmente nas civilizações ocidentais, ao conceito negativo da morte como frustração total de todas as possibilidades humanas. Não há nenhuma novidade na expressão sartriana que se propagou por toda a cultura moderna: "O homem é uma paixão inútil." Foi sempre esse o conceito do homem na cultura ocidental, voltada exclusivamente para o imediatismo. Sartre não revela nenhuma perspicácia filosófica nesse simples endosso cultural de uma posição comum do *homo faber* ante o inevitável da morte. Mesmo nas civilizações orientais, impregnadas de misticismo, os homens comuns nunca saíram desse plano inferior da consideração da morte como destruição pura e simples. A teoria das 'almas viajoras', de Plotino, que substituiu no neo-platonismo a teoria da metempsicose egípcia, não chegou a popularizar-se. As hipóstases espirituais que essas almas franquearam, depois da morte, pareciam fantásticas, oriundas apenas da teoria platônica dos 'mundos das ideias' e do desejo instintivo de sobrevivência que domina o homem. Mas as pesquisas científicas da natureza humana, particularmente no campo dos fenômenos paranormais, chegaram a provas incontestáveis da sobrevivência do homem após a morte. Essa sobrevivência implica, naturalmente, a existência de planos espirituais (as hipóstases) em que a vida humana prossegue. O desenvolvimento da física em nossos dias levou os cientistas à descoberta da antimatéria, das dimensões múltiplas de um Universo que considerávamos apenas tridimensional, à conquista dos antiátomos e antipartículas atômicas que podem ser elaborados em laboratórios, como têm sido. A existência das hipóstases já não é mais uma suposição, mas uma verdade comprovada. O corpo bioplásmico do homem, bem como o dos vegetais e dos animais foi tecnologicamente comprovado. Os mortos não podem mais ser considerados mortos.

O que morreu foi apenas o corpo carnal dessas criaturas, que Deus não criou como figuras de 'guinhol' para uma rápida passagem pela Terra. Seria estranho e até mesmo irônico que, num Universo em que nada se perde, tudo se transforma, o homem fosse a única exceção perecível, sujeito a desaparecer com os seus despojos. A maior conquista da evolução na Terra é o homem, criado, segundo o consenso geral, na tradição dos povos mais adiantados, à imagem e semelhança de Deus. Que estranha decisão teria levado o criador a negar a esse ser a imortalidade que conferiu a todas as coisas e a todos os seres, desde os mais inferiores e aparentemente inúteis? Há uma economia da Natureza que seria contrariada por essa medida de exceção. Hoje, a verdade se define, cada vez mais comprovada e inegável, aos nossos olhos mortais: O homem é imortal. Ao morrer na Terra, transfere-se para os planos de matéria mais sutil e rarefeita, em que continua a viver com mais liberdade e maiores possibilidades de realizações, certamente inconcebíveis aos que ficam no plano terreno. O espírito encarnado, lutando no fundo de um oceano de ar pesado, consegue fazer tantas coisas, por que deixaria de agir com mais interesse e visão elevada num plano em que tudo milita a seu favor? Enganam-se os que pensam nos mortos como mortos. Eles estão mais vivos do que nós, dispõem de visão mais penetrante que a nossa, são criaturas mais definidas do que nós, e podem ver-nos, visitar-nos e comunicar-se conosco com mais facilidade e naturalidade. É preciso que não nos esqueçamos deste ponto importante: os homens são espíritos e os espíritos nada mais são do que homens libertos das injunções da matéria. Nós carregamos um fardo, eles já o alijaram de suas costas. Temos de pensar neles como criaturas vivas e atuantes, como realmente o são. Eles não gostam das nossas tristezas, mas sentem-se felizes com a nossa alegria. Não querem que pensemos neles de maneira triste porque isso os entristece. Encontram-se num mundo em que as vibrações mentais são facilmente perceptíveis e desejam que os ajudemos com pensamentos de confiança e alegria. Não temos o direito de perturbá-los com as nossas inquietações terrenas, em geral nascidas do nosso egoísmo e do nosso apego. Milhões de manifestações de entidades superiores, de espíritos conhecidos ou não, mas sempre identificados, ocorrem no mundo continuamente provando a sobrevivência ativa dos que passaram para o outro mundo e lá não nos esqueceram.

Desde a época das cavernas, das construções lacustres, passando pelas vinte e tantas grandes civilizações que se sucederam na história, os mortos se comunicam com os vivos e estes não raro procuram instruir-se com eles. O intercâmbio é normal entre os dois mundos e uma vastíssima biblioteca foi produzida pelos sábios antigos e modernos que estudaram o problema e confirmaram a sobrevivência. Mas, na proporção em que os métodos científicos se desenvolveram, na batalha das ciências contra as superstições do passado multimilenar, a própria aceitação geral dessa verdade levantou maiores suspeitas no meio científico. As raízes amargas das religiões da morte, que viveram sempre e vivem ainda hoje 'vampirizando' o pavor da morte em todos os quadrantes do planeta, criaram novos empecilhos para o esclarecimento do problema. Ainda hoje, depois das provas exaustivas milhões de vezes confirmadas pelos mais respeitáveis investigadores, a nossa cultura pretensiosamente rejeita a flagrante realidade e pesquisada fenomenologia de todos os tempos como se ela não passasse de suposições inverificáveis.

Qual a razão dessa atitude irracional em face de um problema tão grave, da maior importância para a teoria do conhecimento e particularmente para a adequação do pensamento à realidade, objetivo supremo da filosofia? Nossa cultura sofreu até agora de uma espécie de esquizofrenia catatônica, ignorando problemas essenciais e entregando-se à agitação das atividades pragmáticas. Como diz o brocardo popular: "Gato escaldado tem medo de água fria." A tremenda e criminosa oposição da Igreja ao desenvolvimento livre da ciência, com o delírio pirovássico dos tempos inquisitoriais, com suas fogueiras assassinas, deixou suas marcas de sangue e fogo no pelo, no couro e na carne viva do gato escaldado. A cultura é um organismo conceptual vivo, nascido das experiências humanas e dotado do mesmo instinto de conservação dos organismos vivos. Os pelos do gato escaldado se eriçam à menor aproximação de questões metafísicas. Remy Chauvin deu a esse fenômeno o nome apropriado de 'alergia ao futuro'. Essa alergia, como demonstra, tem nuas origens históricas no período inquisitorial. Só há um responsável por essa doença cultural: a Igreja, até hoje em atividade constante na luta contra o desenvolvimento cultural para asfixiar os movimentos que possam atentar contra a sua arcaica posição dogmática. Por isso, assistimos, ainda hoje, às vésperas da era cósmica, ao doloroso espetáculo de padres irados, particularmente nos países subdesenvolvidos, de cultura insipiente, desferindo os raios de sua indignação insolente contra as conquistas parapsicológicas, mas, ao mesmo tempo, com a sagacidade instintiva dos sacerdotes de todos os tempos e de todas as latitudes da Terra, tirando as vantagens possíveis dessa atividade histriônica na cobrança, a tanto por cabeça, dos cursos de parapsicologia dados ao povo com o tempero dos sofismas e mentiras habituais. Devemos a isso o nosso atraso brasileiro de quarenta anos no campo das investigações e do estudo universitário do paranormal. Em compensação, padres e frades entregam-se livremente à exploração de clínicas parapsicológicas, servidos por médicos iludidos ou bem integrados na luta contra o avanço da cultura em nossa terra.

Se no plano espiritual a posição assumida pelos espíritos fosse a mesma dos homens, seríamos considerados como espíritos mortos. Porque o espírito que se encarna na Terra, afastando-se da realidade viva do espírito, é praticamente sepultado na carne. Nos planos inferiores do mundo espiritual, apegados à crosta terrena, os espíritos inferiores se consideram como mortos na carne, pois perderam as prerrogativas do espírito livre. Mas os espíritos que atingiram planos superiores compreendem essa inversão de posições e nos encaram como companheiros temporariamente afastados do seu convívio, para fins de desenvolvimento de suas potencialidades nas lutas terrenas. Dessa maneira, mortos e vivos somos todos. Revezamo-nos na Terra e no espaço porque a lei de evolução exige o nosso aprimoramento contínuo. Se, no plano espiritual, os limites de nossas possibilidades de aprendizado se esgotam, por falta de desenvolvimento dos potenciais anímicos, retornamos às duras experiências terrenas. A reencarnação é uma exigência do nosso atraso evolutivo, como a semeadura da semente na terra é a exigência básica da sua germinação e do seu crescimento. Assim, nascimento e morte são fenômenos naturais da vida, que não devemos confundir com desgraça ou castigo. Só os homens matam para vingar-se ou cobrar dívidas afetivas. Deus não mata, cria. Ao semear as mônadas nos planetas habitáveis, não o faz para matar-nos, mas para podermos germinar e crescer como a relva dos campos. A mônada é a centelha de pensamento divino que encerra em si, como a semente do vegetal, todo o esquema da vida e da forma humana que dela nascerá no seio dos elementos vitais da carne. Os materialistas acreditam que o esperma e o óvulo ocultam, em si mesmos, todas as energias criadoras do homem. Mas os progressos atuais da genética animal e da genética humana os despertaram para a compreensão da existência de um mecanismo oculto no sêmen, do qual depende a própria fecundidade deste. Podemos dizer que Deus não trabalha com coisas, mas com leis. As pesquisas parapsicológicas revelaram que o pensamento é a energia mais poderosa de que podemos dispor. Essa energia não se desgasta no tempo e no espaço, não está sujeita às leis físicas, nem respeita as barreiras físicas. É ele a única energia conhecida que pode operar nas distâncias ilimitadas do cosmos. Se podemos verificar isso nas experiências telepáticas, de transmissão de pensamentos entre as distâncias espaciais e temporais que todas as demais energias não conseguem vencer, devemos pensar no poder infinito do pensamento criador de Deus. Mas o orgulho humano se alimenta da sua própria ignorância e prefere colocar-se acima da própria divindade. Por isso o cientista soviético Vasiliev não aceitou a teoria de Rhine – a natureza extrafísica do pensamento – e procedeu a uma experiência na Universidade de

Leningrado para demonstrar o contrário. Mas não obteve as provas que desejava e limitou-se a contestar Rhine com argumentos, declarando simplesmente que o pensamento se constitui de uma energia física desconhecida. Até agora, nem mesmo do além, para onde a morte o transferiu, à sua revelia, não conseguiu a refutação desejada.

Esse é um episódio típico da luta dos negativistas contra a inegável realidade da natureza espiritual do homem. É inútil disputar com eles, que mesmo quando cientistas, apegam-se rigidamente às suas convicções, de maneira opiniática. Outro exemplo importante foi o do filósofo Bertrand Russell, que ante o avanço científico atual, declarou: "Até agora as leis físicas não foram afetadas." Como não foram, se toda a concepção física do mundo transformou-se no contrário do que era, revelando a inconsistência da matéria, a sua permeabilidade, a existência da antimatéria e a possibilidade cientificamente provada da comunicação dos mortos? Bastaria isso para mostrar que a física envelhecida de meio século atrás levou Einstein a exclamar: "O materialismo morreu asfixiado por falta de matéria". Famoso físico americano, pousando o braço sobre a mesa, disse: "Meu braço sobre esta mesa é apenas uma sombra sobre outra sombra."

Essa atitude opiniática de materialistas ilustres decorre da alergia ao futuro de que falou Remy

Chauvin, diretor de laboratório do Instituto de Altos Estudos de Paris. Por outro lado, temos de considerar a influência da tradição no próprio meio científico e as posições dogmáticas das correntes opostas do religiosismo igrejeiro e das ideologias materialistas, como as do positivismo, do pragmatismo e particularmente do marxismo. A prova científica da existência do perispírito, o corpo espiritual da tradição cristã, chamado pelos investigadores soviéticos da Universidade de Kirov, a mais importante da URSS, foi simplesmente asfixiada pelo poder estatal. Nos Estados Unidos não se tentou repetir a façanha de Kirov, porque a descoberta do corpo bioplásmico fere os interesses teológicos das igrejas cristãs. O religiosismo fideísta das igrejas, agora reforçado com o religiosismo político e estatal do materialismo, formam hoje a dupla que, agindo em forma de pinça, impede novamente o desenvolvimento da ciência.

Nos Estados Unidos, chegou-se ao extremo da divulgação científica de um documento lançado por instituições científicas, declarando que as descobertas produzidas pelas câmaras Kirlian, de fotografias paranormais, não passam do conhecido 'efeito corona'. E Rhine, o grande confirmador da ciência espírita, foi posto à margem dos meios científicos oficiais, apesar de seu sucesso em todas as universidades do mundo.

A EXTINÇÃO DA VIDA

A INSISTÊNCIA DO homem na negação de sua própria imortalidade não decorre, como geralmente se pensa, das dificuldades para prová-la cientificamente, nem da visão caótica do mundo em que se perdem os espíritos céticos, que vivem como aturdidos entre as certezas e incertezas do conhecimento humano.

Decorre apenas do sentimento da fragilidade humana, considerado tão importante pelos existencialistas. O instinto de morte da tese freudiana, num mundo em que tudo morre, nada permanece, como notava Protágoras desolado, supera e esmaga, na sensibilidade humana, o instinto de vida, os anseios existenciais geralmente confundidos com o clã vital de Bergson. Sentindo-se frustrado e desolado ante a fatalidade irremovível da morte, e levado ao desespero ante a irracionalidade das proposições religiosas, o homem vê secarem as suas esperanças no inverno único e irremissível da vida material. Sua impotência se revela como absoluta, apagando em seu espírito as esperanças e a confiança na vida que o sustentavam na mocidade. A vida se extingue em si mesma e aos seus olhos por toda parte, em todos os reinos da Natureza, e ninguém jamais conseguiu barrar o fluxo arrasador do tempo, que leva de roldão as coisas e os seres, envelhecendo-os e desgastando-os, por maiores, mais fortes e brilhantes que possam parecer. A passagem inexorável dos anos marca, minuto a minuto, com uma segurança fatal e uma pontualidade exasperante, o fim inevitável de todas as coisas e de todos os seres.

Ao contrário do que se diz popularmente, não são os velhos que sonham com a imortalidade, mas os jovens. Porque estes, na segurança ilusória de sua vitalidade, são mais propícios a aceitar e cultivar esperanças de renovação. Por mais geniais que sejam, por mais realistas que se mostrem – os jovens – com exceção dos que sofrem de desequilíbrios orgânicos e psíquicos – creem na vida que usufruem sem preocupações. Alega-se que são os velhos e não os jovens que se interessam pelas religiões, acreditando-se que esse interesse da velhice pela ilusão da sobrevivência é o desespero do náufrago que se apega à tábua de salvação. Imagem aparentemente apropriada, mas na verdade falsa. O velho religioso, não raro fanático, sabe muito bem que os seus dias estão contados e teme a possibilidade de seu encontro com os julgadores implacáveis com que as religiões o ameaçaram desde a infância remota. Quer geralmente prevenir-se do que pode lhe acontecer ao passar para outra vida carregado de pecados que as religiões prometem aliviar. O medo da morte é tão generalizado entre as pessoas que entram na reta final da existência, que Heidegger acentuou, com certa ironia, a importância da partícula 'se' nas expressões sobre a morte. A maioria das pessoas diz 'morre-se' em vez de morremos, porque o 'se' refere aos outros e não a si mesmo. A figura jurídica da 'legítima defesa', nos casos de assassinato, institucionalizou racionalmente o direito de matar que, se, por um lado, reconhece a validade social do instinto de conservação, por outro, legitima, nos códigos do mundo, o sentido oculto da partícula 'se' nas fraudes inconscientes da linguagem. Essa partícula confirma o desejo individual de que os outros morram, e não nós, mostrando a inocuidade dos mandamentos religiosos. Por sinal, essa inocuidade, como se sabe, revelou-se no próprio Sinai, quando Moisés, ainda com a tábua das leis em mãos, ordenou a matança imediata de dois mil israelitas que adoravam o 'bezerro de ouro'.

Chegamos assim à conclusão de que a posição do homem diante da morte é ambivalente, colocando-o num dilema sem saída, perdido no labirinto das suas próprias contradições. Desse desespero resulta a loucura das matanças coletivas, das guerras, do apelo humano aos processos de genocídio, tão espantosamente evidenciados na história humana. Os arsenais atômicos do presente, e particularmente o recurso novíssimo às bombas de nêutrons revelam no homem o desejo inconsciente, mas racionalizado pelas justificativas de segurança, de extinção total da vida no planeta. Os versos consagrados do poeta: "Antes morrer do que um viver de escravos", valem por uma catarse coletiva. A extinção da vida é o supremo desejo da humanidade, que só não se realiza graças à impotência do homem ante à rigidez das leis naturais. Por isso a ciência acelera sem cessar a descoberta de novos meios de matança massiva. Os escravos da vida preferem a morte.

Esse panorama apocalíptico só pode modificar-se através da educação para a morte. Não se trata de uma educação especial nem supletiva, mas de uma para educação sugerida e até mesmo exigida pela situação atual do mundo. O problema da chamada explosão demográfica, com o acelerado desenvolvimento da população mundial, impossível de se deter por todos os meios propostos, mostra-nos a necessidade de uma revisão profunda dos processos educacionais, de maneira a reajustá-los às novas condições de vida, cada vez mais intoleráveis. Como assinalou Kardec, somente a educação poderá levar-nos às soluções desejadas. Os recursos que, em ocasiões como esta, são sempre produzidos pela própria Natureza, já nos foram dados através da também chamada explosão psíquica dos fenômenos paranormais. O conhecimento mais profundo da natureza humana, levado pelas pesquisas psicológicas e parapsicológicas até às profundezas da alma, revelam que o novo processo educacional deve atingir os mecanismos da consciência subliminar da teoria de Frederic Myers, de maneira a substituir as introjeções negativas e desordenadas do inconsciente por introjeções positivas e racionais. A teoria dos arquétipos de Jung, bem como a sua teoria parapsicológica das coincidências significativas, podem ajudar-nos em dois planos: o da transcendência e o da dinâmica mental consciente. A Educação para a morte socorrerá a vida, restabelecendo-lhe a esperança e o entusiasmo das novas gerações pelas novas perspectivas da vida terrena. Uma nova cultura, já esboçada em nossos dias, logo se definirá como a saída natural que até agora buscamos inutilmente para o impasse.

Vivemos, até agora, num torniquete de contradições alimentadas por grosseiros e desumanos interesses imediatistas. O mundo se apresenta em fase de renovação cultural, política e social, povoado por gerações novas que anseiam pelo futuro e se encontram oprimidas e marginalizadas pelo domínio arbitrário dos velhos, dolorosamente apegados a vícios insanáveis de um passado em escombros. A prudência medrosa dos velhos e o anacronismo fatal de suas ideias, de suas superstições e de seu apego desesperado à vida como ela foi e não como ela é, esmagam sob a pressão de mentalidade antiquada apoiada no domínio das estruturas tradicionalmente montadas dos dispositivos de segurança. Essa situação negativa é transitória em virtude da morte, que renova as gerações, mas prolongando-se nesses dispositivos garante o prolongamento indefinido da situação, ao mesmo tempo que as novas gerações, marginalizadas politicamente, não dispõem de experiências e conhecimentos para enfrentar os dominadores, caindo em apatia e desinteresse pela vida pública. Essa situação se agrava com a ocorrência de tentativas geralmente ingênuas e inconsequentes de jovens explorados por grupos violentos, o que provoca o desencadeamento de pressão oficial, geralmente seguida de revides terroristas. É o que se vê, principalmente, nos países europeus arrasados material e espiritualmente pela Segunda Guerra Mundial.

Esse impasse internacional só pode ser rompido por medidas e atitudes válidas de governos das nações em que o choque de mentalidades antagônicas não chegou a produzir estragos materiais e morais irrecuperáveis. Muito podem contribuir para o restabelecimento de um estado normal as instituições culturais, através de cursos e divulgações, pelos meios de comunicação organizados por especialistas hábeis.

A educação para a morte, dada nas escolas de todos os graus, não como matéria independente, mas ligada a todas as matérias dos cursos, insistindo no estudo dos problemas existenciais, irá despertando as consciências, através de dados científicos positivos, para a compreensão mais clara e racional dos problemas da vida e da morte. Todo o empenho deve se concentrar na orientação ética da vida humana, baseada no direito à vida comunitária livre, em que todos os cidadãos podem gozar das franquias sociais, sem restrições, de ordem social, política, cultural, racial ou de castas. O importante é mostrar, objetivamente, que a vida é o caminho da morte, mas que a morte não é o fim da existência humana, pois esta prossegue nas hipóstases espirituais do Universo, nas quais o espírito se renova moralmente e se prepara com vistas a novas encarnações na linha da evolução ôntica da humanidade.

Nascimento e morte são fenômenos biológicos interpenetrados. A vida e a morte constituem os elementos básicos de todas as vidas, que, por isso

mesmo, são também mortais. O inferno mitológico dos pagãos devia ter desaparecido com o advento do cristianismo, mas foi substituído pelo inferno cristão, mais cruel e feroz que o pagão. As carpideiras antigas deixaram de chorar profissionalmente nos velórios, mas os cerimoniais funerários da Igreja substituíram de maneira mais pungente e desesperadora, com pompas sombrias e latinório lastimante, prolongados em semanas e meses, o lamento por aqueles que apenas cumpriram uma lei natural da vida. A ideia trágica da morte sobrevive em nosso tempo, apesar do avanço das ciências e do desenvolvimento geral da cultura. Há milhões de anos morremos e ainda não aprendemos que vida e morte são ocorrências naturais. E as religiões da morte, que vampirescamente vivem dos gordos rendimentos das celebrações fúnebres e das rezas indefinidamente pagas pelos familiares e amigos dos mortos, empenham-se num combate contra os que pesquisam e revelam o verdadeiro sentido da morte. A ideia fixa de que a morte é o fim e o terror das condenações de após morte sustentam esse comércio necrófigo em todo o mundo. Contra esse comércio simoníaco, é necessário desenvolver-
-se a educação para a morte, que, reestabelecendo a naturalidade do fenômeno, dará aos homens a visão consoladora e cheia de esperanças reais da continuidade natural da vida nas dimensões espirituais e

a certeza dos retornos através do processo biológico da reencarnação, claramente ensinado nos próprios evangelhos. Conhecendo o mecanismo da vida, em que nascimento e morte se revezam incessantemente, os instintos de morte e seus impulsos criminosos irão se atenuando até desaparecerem por completo. Os desejos malsãos de extinção da vida, que originam os suicídios, os assassinatos e as guerras, tenderão a se transformar nos instintos da vida. A esperança e a confiança em Deus, bem como a confiança na vida e nas leis naturais, criarão um novo clima no planeta, hoje devastado pelo desespero humano. O medo e o desespero desaparecerão com o esclarecimento racional e científico do mistério da morte, esse enigma que a ressurreição de Jesus e os seus ensinos, assim como os do apóstolo Paulo, já deviam ter esclarecido há dois mil anos.

OS MEIOS DE FUGA

A PROVA DE que o homem sabe, intuitivamente, que a morte não é o fim do seu ser, da sua personalidade, e nem mesmo da sua existência, está na procura desesperada dos meios de fuga a que se entrega de ouvidos fechados a todas as advertências. Ele não quer morrer, mesmo quando se atira do décimo andar de um edifício sobre a calçada. Quer apenas fugir, escapar de qualquer maneira à pressão de um mundo que nada mais lhe oferece do que opressão, crimes, atrocidades de toda a espécie. Mário Mariani, em *A casa do homem* considerou a casa como uma jaula de que a fera humana luta por evadir-se. É lá dentro da jaula, na casa que devia ser um recanto de paz, que os atritos familiais e as preocupações da incerteza e da insegurança do mundo compulsionado, bem como as injustiças brutais da estrutura social, pesam esmagadoramente sobre ele. Seus nervos vão cedendo ao martelar incessante das preocupações, ao gemido longínquo dos torturados pelos carrascos, dessa lepra moral que se espalhou por todo o planeta após a última guerra mundial – a tortura. Por todos os lados ele sente a coação e as ameaças de novas coações em perspectiva, e, como se as chamas de um incêndio o cercassem por todos os lados, atira-se pela janela. Mariani era um sonhador, um ideólogo da liberdade e da paz, da fraternidade humana completa, sem os limites odiosos das discriminações sociais e políticas. Escreveu duas séries de romances em que expôs o seu pensamento sobre um mundo mais admirável e generoso que o de Huxley. Fugiu da Itália, sua pátria, com a família, para os Estados Unidos, quando o fascismo a dominou. Na América livre, sentiu-se prisioneiro da miséria, viu de perto e sentiu em sua própria carne os desníveis aviltantes de uma sociedade de nababos e miseráveis. Certa noite de fome e frio, em New York, resolveu que mataria esposa e os filhos, e depois se suicidaria para não deixá-los nas garras de um mundo cristão sem clemência.

    Um amigo lhe salvou, arranjando-lhe emprego. Na série *Os romances da destruição*, ele pôs a nu toda a tragédia dos tempos modernos, e na série *Os romances da reconstrução*, toda a beleza dos seus sonhos. Quixote, italiano do amor e da liberdade, andou pelo mundo atacando moinhos de vento e veio morrer no Brasil na década de 1930. Seu nome se apagou na história, sob a invasão dos nomes de bandoleiros políticos consagrados como heróis. Mas os que o conheceram e os que o leram guardam no coração e na memória a imagem do verdadeiro herói, cavaleiro sem jaça da causa da humanidade. Ele denunciou, por toda parte, a exploração e a miséria que um poeta modernista italiano traduziu como: *Itália, parola azzurra bisbilhota su l´Infinito*.

Mariani imaginava a Itália do futuro coberta de casas de vidro, de paredes transparentes (porque ninguém teria nada a esconder nem a temer) cercadas de rosais perfumados, em que suas filhas viveriam alegres e felizes, com namorados jovens como elas, livres do perigo do casamento interesseiro com velhotes endinheirados. Um mundo azul e livre, como Plotino sonhara estabelecer na Campanha Itálica, nos moldes de *A república* de Platão. Foi o último cavaleiro errante do mundo das utopias.

Depois dele, desabou sobre o mundo real a tempestade da Segunda Guerra Mundial, desencadeada pelos dragões funambulescos e sanguinários da opressão e da violência. E no rastro de cadáveres, sangue e maldição deixados pela guerra abriram-se as veredas da fuga: o suicídio de Stefan Zweig no Rio, o assassinato de Gandhi na Índia, a enxurrada dos tóxicos, as revoltas de estudantes, as invasões e destruições vandálicas de universidades em nome da ordem e da força contra o direito, as aberrações sexuais justificadas pela psicologia da libertinagem, a mentira oficializada no plano internacional, os assaltos universais, os sequestros a serviço da política de extorsão e assim por diante, no rol das monstruosidades sem limites.

De tal maneira o mundo envilecido se desfigurou que teólogos desvairados proclamaram a morte de Deus e anunciaram fanfarronescos o advento do cristianismo ateu nos sofismas de brilhar escuso dos livros pensados e escritos na pauta do sem-sentido.

As bombas voadoras de Hitler transformaram-se nos foguetes espaciais da maior epopeia moderna: a conquista do cosmos. E, por sua origem e seus objetivos suspeitos, a epopeia cósmica, nascida das cinzas quentes da guerra, no ninho de ovos explosivos das bombas atômicas e subatômicas, integrou-se no campo dos meios de fuga. Era a fuga desesperada do homem para as estrelas; não para buscarem a paz e a harmonia, a justiça e o direito, a verdade e a dignidade, mas para permitirem a mais fácil e segura destruição do planeta através de foguetes criminosos que, em baterias celestes instaladas na Lua e nos planetas mais próximos, pudessem aniquilar a Terra em apenas alguns segundos de explosão nuclear. Já que a morte era o nada, a nadificação possível da vida, era também conveniente que os guerreiros da era cósmica dessem realidade efetiva e moderna aos raios de Júpiter disparados sobre o mundo. Não foi da mente supraliminar dos forjadores de foguetes, mas do inconsciente profundo, marcado pelas introjeções do terror, do desrespeito ao homem, do arbítrio e da força, do esmagamento mundial da liberdade, da coação extremada que surgiu e se impôs à consciência supraliminar o projeto da conquista diabólica dos espaços siderais. Na base e no fundo dessas maquinações gloriosas, podemos detectar as raízes do desespero e da loucura, a que a simples idealização da morte como nadificação total – roubando do homem suas esperanças e seus anseios – desencadeou a corrida espacial ao lado da corrida armamentista das grandes potências mundiais.

Os primeiros homens da cosmogonia mítica da Grécia Antiga, segundo *O banquete* de Platão, eram os hermafroditas, criaturas duplas, homens e mulheres ligados pelas costas, que andavam girando na agilidade de suas quatro pernas. Constituíam a unidade humana completa, o casal fundido numa unidade biológica de grande potência. Esses seres estranhos foram separados por Zeus num golpe de espada quando tentavam invadir o Monte Olimpo, subindo em giros rápidos pelas suas encostas, a fim de destronar os deuses e assumir o domínio do mundo. Daí resultou esta humanidade fragmentária a que pertencemos e que hoje pretende repetir a façanha mitológica, invertendo-a. Não querem roubar o fogo do céu, como Prometeu, mas levar ao céu o fogo da Terra e com ele incendiar o cosmos. No Jardim das Epérides, viviam as górgonas, mulheres terrivelmente feias e dotadas de misteriosos poderes. Medusa era a principal delas, dotada de uma cabeleira de serpentes. Perseu matou--a e do seu sangue nasceu Pégaso, o cavalo alado que se lançou ao Infinito. Esses arquétipos gregos continuam ativos na dinâmica do inconsciente coletivo de todos nós, como a impulsionar-nos na conquista do Infinito. Mas esse delírio grego que figurava, como no mito de Pégaso, a dialética das transformações espirituais, arrancando do sangue da Medusa o cavalo alado, não desempenha mais esse papel, na aridez do pensamento imediatista em que o mundo se perdeu. A fealdade e a maldade das górgonas estavam cercadas de flores e esperanças. A cabeleira da Medusa era feita de serpentes, mas o sangue que pulsava em seu coração deu asas a Pégaso. Nós, unidades separadas em metades biológicas que não se encontram nem se fundem, pois desejam apenas o gozo de prazeres efêmeros e não a conjugação psicobiológica de alma e corpo, só pensamos no Infinito em termos de finito pragmático.

    Os meios de fuga se multiplicaram amesquinhando-se. Não queremos nem mesmo fugir para Pasárgada, pois não somos mais os amigos do Rei, como no sonho do poeta. A realidade terrena perdeu o encanto das belezas naturais, destruídas pelo vandalismo inconsequente. Nosso anseio de transcendência é apenas horizontal, voltado sistematicamente para a conquista de prestígio social, dinheiro e poder temporal. Nessa linha rasteira de ambições perecíveis, sem nenhum sentido espiritual, fugimos para a negação de nós mesmos e rejeitamos a nossa essência divina, pois nos tornamos realmente indignos dela. O homem frustrado de Sartre transformou a morte, o túmulo e os vermes, ou o pó impalpável das incinerações cadavéricas em sua única herança possível. As palavras alentadoras de Paulo: "Somos filhos herdeiros de Deus e coerdeiros do Cristo" soam no vazio, no oco do mundo, que nem eco produz.

Restaram em nossas mãos profanadoras apenas as heranças animais: a violência assassina que é o meio normal de que as feras se servem para afastar obstáculos do seu caminho; a astúcia da serpente para engolir e digerir os adversários mais frágeis; a destruição dos bens alheios em proveito próprio, no vampirismo desenfreado da selva social; a dominação arrogante dos que não dispõem de forças para se defender; a mentira, a trapaça, a perfídia de que os próprios selvagens se enojam, e que nós, os civilizados, transformamos, na alquimia da canalhice generalizada, em processos sutis de esperteza, que, para vergonha do século e da espécie, consideramos provas de inteligência. Nossos meios de fuga reduzem-se à covardia da fuga a nós mesmos. "Onde todos andam de rastros – advertiu Ingenieros – ninguém se atreve a andar em pé". O panorama mundial da atualidade reduziu-se a um espetáculo de rastejamento universal. Porque é preciso viver, acima de tudo viver, pois só os materiais da vida terrena significam alguma coisa nas aspirações terrenas. A existência, em que o homem se afirma pela dignidade da consciência, pelo esforço constante de superação de si mesmo, foi trocada em miúdos, em níqueis inflacionados, pelo viver larvar do dia a dia rotineiro e da subserviência ao desvalor dos que conquistaram os postos de comando na sociedade aviltada. Inteligências robustas e promissoras esvaziam-se na consumação de si mesmas, servindo de maneira humilhante a senhores ocasionais, que podem assegurar-lhes o falso prestígio de salários altos e posições invejadas pela corja rastejante. Todos tremem de medo e pavor ante à perspectiva de referência desairosa proferida por lábios indignos. Todos os sentimentos nobres foram aviltados e os jovens aprendem, a coronhadas e bufos de brutamontes e primatas, que mais vale a boca calada e a cabeça baixa do que o fim estúpido nas torturas das prisões infectadas. Porque a única verdade geralmente aceita é a do nada. Se o domínio é da força e da violência, a covardia se transforma em regra de ouro que só os tolos não aceitam. Tudo isso porque se ensinou às gerações sucessivas, através de dois milênios, que o homem não é mais do que pó que em pó se reverterá. Os sonhos do antigo humanismo foram simples delírios de pensadores esquizofrênicos. A ordem geral, que todos aceitam, é viver para si mesmo e mais ninguém.

A HEROICA PANCADA

Preparar para a vida é educar para a morte. Porque a vida é uma espera constante da morte. Todos sabemos que temos de morrer e que a morte pode sobrevir a qualquer instante. Essa certeza absoluta e irrevogável não pode ser colocada à margem da vida. Quem se atreve a dizer: "A morte não importa, o que importa é a vida" não sabe o que diz, fala com insensatez. Mas também os que só pensam na morte e se descuidam da vida são insensatos. Nossa morte é o nosso resgate da matéria. Não somos materiais, mas espirituais. Estamos na matéria porque ela é o campo em que fomos plantados. Como sementes, devemos germinar, crescer, florir e frutificar. Quando cumprirmos toda a tarefa, tenhamos a idade que tivermos, a morte vem nos buscar para reintegrar-nos na condição espiritual. Basta esse fato, que é incontestável, para nos mostrar que da nossa vida depende a nossa morte. Cada pensamento, cada emoção, cada gesto e cada passo na vida nos aproxima da morte. E como não sabemos qual é a extensão de tempo que nos foi marcado ou concedido para nos prepararmos para a morte, convém que iniciemos o quanto antes a nossa preparação, através de uma educação segundo o conceito de 'existência'. Quanto antes nos prepararmos para a vida em termos de educação para a morte, mais fácil e benigna se tornará a nossa morte, a menos que pesem sobre ela compromissos agravantes de um passado criminoso.

A preparação para a vida começa na infância e os pais são responsáveis por ela. A criança é o ser que se projetou na existência, disparado como um projétil que deve transpassá-la do começo ao fim, furando a barreira da morte para atingir a transcendência. Vem ao mundo com a sua maleta invisível, carregada de suas aquisições anteriores em vidas sucessivas. Muitas vezes a maleta é tão pesada que os pais quase não suportam carregá-la e temem abri-la. Mas há sempre ajudantes invisíveis que tornam a tarefa mais fácil do que parece à primeira impressão. Seja como for, o hóspede chegou para ficar, pois pertence à família e é geralmente no seio dessa que tem os maiores compromissos, sempre recíprocos e inadiáveis, intransferíveis. Na sua bagagem, incorporada ao seu organismo físico e psíquico, pode haver membros incompletos, estragados, desgastados não se sabe onde nem quando, psiquismo descontrolado, mente destrambelhada e muitas coisas mais que a convivência irá revelando. A carga mais pesada é quase sempre o ódio, aversão ou antipatia a elementos da família, que se tornam às vezes intoleráveis. Cabe à família lutar para corrigir todos esses desarranjos, sem nunca desamparar o orfãozinho, que, como ensinou Kardec, vem ao mundo vestido com a 'roupagem da inocência'.

A criança não revela toda a sua bagagem enquanto não atinge a fase de amadurecimento necessário para comunicar-se com facilidade. No período de amadurecimento exerce as suas funções básicas de adaptação, de integração na vida e no meio, propicia aos familiares, particularmente aos pais ou aos que os substituem, a introjeção de estímulos renovadores em seu inconsciente, por meio de atitudes e exemplos. O instinto de imitação da criança favorece e facilita o trabalho dos pais e dos familiares, e eles muito poderão fazer em seu benefício, desde que mantenham no lar um ambiente de amor e compreensão. A criança é a árvore – dizia Tagore – alimenta-se do meio em que se desenvolve, absorvendo os seus elementos e produzindo a fotossíntese espiritual que beneficiará a todos os que a cercam de cuidados e atenção. O exemplo é, assim, o meio mais eficiente de renová-la, desligando a sua mente do passado, para que ela inicie uma vida nova. A hereditariedade genética funciona paralelamente à lei de afinidade espiritual. Disso resulta a confusão dos materialistas, que atribuem todos os fatores da herança exclusivamente ao gene, acrescido das influências ambientais e educacionais. Os casos de gêmeos idênticos, que levaram o professor Ian Stevenson à pesquisa da reencarnação, deviam ser suficientes para mostrar que a pangenética materialista é muitas vezes uma vítima do preconceito e da precipitação, levando os cientistas à confusão de corpo e espírito, contra a qual Descartes já os advertiu no início da era científica.

Embora a influência genética seja dominante na formação das características de famílias e raças ou sub-raças, a verdade é que o problema das padronizações orgânicas, embora genialmente intuído por Claude Bernard, nos primórdios da medicina moderna, só agora está sendo revelado em seus aspectos surpreendentes pelas pesquisas científicas nesse campo específico. As experiências com transplantes de membros em embriões de ratos mostraram que uma perna traseira do embrião, transplantada para o lugar de um braço, desenvolve-se, sob a influência do centro padronizador local, como braço. A formação total do organismo é dirigida pelo corpo bioplásmico, provado e pesquisado pelos cientistas soviéticos da Universidade de Kirov, mas os centros energéticos desse corpo se distribuem em subcentros locais que operam no processo genésico de acordo com as funções específicas dos órgãos. Por outro lado, as pesquisas parapsicológicas revelaram a poderosa influência da mente – já há muito aceita pelo povo e suspeitada por diversos especialistas – na formação e desenvolvimento dos organismos humanos. A misteriosa emanação de ectoplasma do corpo dos médiuns, nas experiências metapsíquicas de Richet e outros, e sua posterior retração, na reabsorção pelo corpo, provada experimentalmente nas pesquisas de Von Notzing e Madame Bisson, na Alemanha, confirmaram a existência do modelo energético do corpo suspeitado por Claude Bernard. Nas pesquisas recentes de Kirov e de universidades americanas e europeias, ficou demonstrado que o ectoplasma se constitui das energias do plasma físico de que, por sua vez, é formado o referido corpo. Essas e outras pesquisas e experiências universitárias oferecem base científica à intuição de Ubaldi, que viu, nos fenômenos de materialização de espíritos em sessões experimentais mediúnicas, o desenvolvimento de uma nova genética humana para o futuro, na qual as mulheres serão libertas do pesado encargo da gestação e do parto da herança animal. Gustave Geley e Eugène Osty, continuadores de

Richet nas pesquisas metapsíquicas, verificaram que a ocorrência de emanações bioplásmicas dos médiuns é mais constante do que se supunha no século passado, verificando-se em reuniões comuns de manifestações espíritas. O mistério das formações de agêneres, que Kardec chamou de 'aparições tangíveis', em que pessoas mortas se apresentam a amigos e parentes como ainda vivas no corpo, capazes de todos os atos de uma pessoa comum, desfazem o mistério do ectoplasma de Richet e derrubam o dogma da ressurreição carnal de Jesus, dando razão ao apóstolo Paulo, que ensina na primeira epístola aos Coríntios: "O corpo espiritual é o corpo da ressurreição." É significativo que tenha cabido aos cientistas soviéticos, na Universidade de Kirov, provar através de pesquisas tecnológicas a realidade dessas ocorrências. A reação ideológica do poder soviético não pode cientificamente anular os resultados dessas pesquisas nem escamotear a qualificação científica dos pesquisadores.

Diante desses dados, uma pessoa normal compreende que o problema da sobrevivência do homem após a morte e o da sua volta à existência através da reencarnação não são resquícios de um passado supersticioso ou de religiosismo ilógico, portanto fanático, mas são, pelo contrário, problemas científicos do nosso tempo. Não se trata de crer nisto ou naquilo, de pertencer a esta ou àquela religião, mas de equacionar a questão espiritual em termos racionais para poder chegar a uma conclusão real. Não vivemos mais no tempo das religiões de tradição e nem mesmo podemos aceitar, atualmente, o misticismo irracional, ignorante, alienante e piegas salvacionista. Essas religiões que nos prometem a salvação em termos de dependência aos seus princípios contraditórios e absurdos, só subsistem, neste século, graças à ignorância da maioria, das massas incultas, e do prestígio social, político e econômico que conseguiram num passado bárbaro da Terra. Por isso mesmo, elas agora se esfarinham aos nossos olhos em milhares de seitas ingênuas pastoradas por criaturas audaciosas e broncas. Uma pessoa medianamente instruída não pode aceitar as absurdas verdades, por mais piedosas que sejam, dessas religiões de salvação. Mas a verdade demonstrada pelas investigações da ciência, em plano mundial, nos maiores centros universitários da Terra, torna-se indispensável à nossa orientação na vida, em busca de uma transcendência racional, que não ressalta de velhas escrituras sagradas das civilizações agrárias e pastoris, mas da evidência das conquistas do conhecimento na atualidade.

Um cidadão ilustrado, diplomado e doutorado, que aceita ao mesmo tempo os dogmas absurdos de uma igreja e os princípios racionais da ciência mostra desconhecer o princípio de contradição, da lógica, em que duas coisas não podem ser, ao mesmo tempo e no mesmo sentido, ambas verdadeiras. Esse cidadão, por mais honesto que seja, sofre de uma falha mental no seu raciocínio, produzida por interferência de elementos efetivos e exacerbados na sua mundividência. Toda a sua cultura, todos os seus títulos, toda a sua fama nos meios socioculturais não podem salvá-lo da condenação intelectual a que se destina e da ingenuidade infantil a que se entrega no plano filosófico. Ou aceitamos a verdade científica demonstrada e provada do nosso tempo, com suas perspectivas abertas para o amanhã, ou nos inscrevemos nas fileiras sem fim dos retrógrados, tentando 'tapar inutilmente o sol com a peneira'.

O amor à verdade é intransigente, porque a verdade é uma só. Os que sustentam o refrão ignorante da 'verdade de cada um', simplesmente revelam não conhecer a verdade e suas exigências.

A educação para a morte só pode basear-se na verdade única, provada com exclusão total das verdades fabricadas pelos interesses humanos ou pelo comodismo dos que nada buscam e por isso nada sabem. O homem educado na verdade não usa as máscaras da mentira convencional nem pode ser um sistemático. A paixão da verdade enjeita toda mentira e o faz lembrar dos versos de Tobias Barreto, aplicando-os ao campo incruento das batalhas pelo futuro:

*Quando se sente bater
no peito heroica pancada,
deixa-se a folha dobrada
enquanto se vai morrer.*

A intuição desses versos supera as exigências formais da poética para inscrevê-los na realidade viva de uma existência humana voltada para a transcendência. Quando a verdade é ferida, ou simplesmente tocada por dedos impuros, aquele que a ama em termos de razão fecha o livro de seus estudos e pesquisas para morrer por ela, se necessário. Mas entregando o cadáver à Terra, a que ele de fato pertence, ressuscita em seu corpo espiritual e volta aos estudos subitamente interrompidos. A reencarnação lhe permitirá, até mesmo, retomar na própria Terra, em outro corpo carnal regido pelo seu mesmo corpo espiritual, os trabalhos que nela deixou.

A morte não é um esqueleto, com sua caveira de olhos esburacados e um alfanje sinistro nos ombros, como a figuraram desenhistas e pintores de outros tempos. Sua imagem real, liricamente cantada pelo poeta Rabindranath Tagore, é a de uma noiva espiritual, coroada de flores, que nos recebe nos portais da eternidade para as núpcias do infinito. Aqueles que assim a concebem não a temem nunca, nem desejam precipitar a sua chegada, pois sabem que ela é a mensageira da sabedoria, que vem nos buscar após o labor fecundo e fiel nos campos da Terra. "Vem, ó morte, quando chegar a minha hora, envolver-me em tuas guirlandas floridas" – exclamava Tagore num dos seus poemas-canções, já velho e cansado, mas com seus olhos serenos refletindo entre as inquietações humanas a luz das estrelas distantes.

Se conseguirmos encarar a morte com essa compreensão e esse lirismo puro, desprovido dos excessos mundanos, saberemos também transmitir aos outros e, especialmente aos que nos amam, a verdadeira educação para a morte.

A verdade, o amor e a justiça formam a tríade básica dessa nova forma educacional que pode e deve salvar o mundo de sua perdição na loucura das ambições desmedidas. Essa tríade expulsará da Terra os espantalhos do ódio, do medo, da violência e da maldade, que fazem o homem retornar constantemente à animalidade primitiva. Então não pensaremos mais em fugir para a Lua e de lá, como júpiteres de opereta, atirarmos para o planeta que nos abrigou no processo evolutivo os raios da nossa ferocidade. A astronáutica se libertará de suas implicações bélicas e os satélites espiões das grandes potências infernais desaparecerão para sempre. Não somos os herdeiros do diabo, esse pobre anjo decaído das lendas piedosas, que nos lança na impiedade. Somos filhos e herdeiros de Deus, a consciência criadora que não nos edificou para a hipocrisia mas para a verdade, a justiça e o amor.

INQUIETAÇÕES PRIMAVERIS

A ADOLESCÊNCIA é a fase mais difícil e perigosa da vida, mas também a mais bela. Tudo é esperança e sonho, mesmo para os espíritos mais práticos. Mas existem as adolescências desastradas, carregadas de provas esmagadoras. É nessa fase – entre os 13 ou 14 anos, até aos 18 ou 20 – que o jovem toma consciência de suas novas responsabilidades, em sua nova 'residência na Terra', para lembrarmos o título de um dos mais belos livros de poemas de Pablo Neruda. Nesse período as lições e os exemplos da infância amadurecem lentamente e precisam, mais do que nunca, ser acrescidos de novos e vigorosos estímulos. Porque, nessa primavera da vida, com o perfume das flores, o cheiro estonteante do pólen e as condições de vagas lembranças do passado, o adolescente se sente atraído por setores diversos de atividades e arrastado para comportamentos anteriores quase sempre perigosos. Ele se mostra rebelde, insatisfeito, opõe-se aos pais e pretende corrigi-los. Torna-se crítico, irônico, não raro, zombeteiro, pretensioso, acreditando saber mais do que os outros, especialmente do que os mais velhos. É o momento da reelaboração da experiência das gerações anteriores, bem acentuado na obra de Dewey. Ele tem razão e sabe que a tem, mas não sabe como definir, expor e orientar o seu pensamento ainda informe e já ansioso por externar-se e impor-se ao mundo. Não se pode contrariá-lo frontalmente nem aprová-lo sem restrições. Qualquer dessas atitudes poderá mesmo exasperá-lo. É tratá-lo com cuidado, evitando excessos e dar-lhe exemplos positivos sem alarde, sem propaganda. Ele, só ele, é quem deve perceber o que se faz de bom ou de mau a seu redor. Estímulos bons e tentações perigosas perturbam a sua alegria, pequenas recepções lhe parecem definitivas. É nessa fase que se pode perceber mais ou menos, quais os tipos de experiências por que ele passou na última encarnação. Essa percepção oferece indicações importantes para a orientação do processo educativo, desde que consideradas com cautela e confrontadas com outras manifestações que as corroborem. De qualquer maneira, não se deve dar ciência dessas observações ao jovem. Elas servem apenas para os pais e os familiares integrados no trabalho de orientação. Comunicações de entidades sérias e suficientemente conhecidas poderão também auxiliar.

Nas famílias espíritas, bem integradas na doutrina, o processo se torna mais facilmente realizável. Nas famílias católicas e protestantes, ou integradas em seitas anti-reencarnacionistas as dificuldades são maiores, mas não insuperáveis. A leitura e o estudo das obras de Kardec ajudarão muito o desenvolvimento do processo educativo, desde que o adolescente se mostre interessado pelo conhecimento do problema. Forçá-lo a isso seria contraproducente. Tudo o que representar ou parecer imposição será fatalmente rejeitado. A leitura referida poderá ser sugerida por outro adolescente, sem que se deixe transparecer o dedo de um adulto por trás da tentativa.

De maneira geral, a observação da vocação e das tendências do adolescente são importantes. Mas o mais importante será sempre o exemplo dos mais velhos na família e na escola, pois o instinto de imitação da criança subsiste no adolescente e se prolonga, geralmente, na maturidade, diluído mas constante, o que podemos verificar facilmente no meio social comum. Os tempos atuais não são favoráveis a bons exemplos, mas há sempre bons livros a se presentear a um adolescente no seu aniversário, sem se deixar perceber qualquer intenção orientadora. Os livros que tratam de problemas espirituais e morais devem ser de autores arejados, que encarem o mundo e a vida de maneira objetiva, sem cair no sermonário ou no misticismo piegas. Ou tratamos com os jovens numa linguagem clara, direta e positiva ou não seremos ouvidos. As novas gerações são vanguardeiras de um novo mundo e não querem compromissos com o mundo de mentiras e hipocrisias em que vivemos até agora.

Não se pense, porém, que todos os adolescentes são difíceis. No seu excelente estudo *A crise da adolescência*, Maurice Debusse tem muito para nos ensinar. As inquietações primaveris da adolescência refletem amarguras e alegrias de outras encarnações. As amarguras correspondem a fracassos dolorosos de uma vida passada, que tanto pode ser a última como também uma encarnação anterior, até mesmo longínqua. As alegrias refletem acontecimentos felizes, que por isso carregam também as sombras da saudade, gerando no adolescente estranhas e profundas nostalgias. Não se trata propriamente de lembranças ou recordações, mas apenas de um eco soturno que parece ressoar nas profundezas de uma gruta. O adolescente sofre essas repercussões sem identificá-las, sem saber de onde chegam, à sua acústica interior, esses ruídos semelhantes ao das vagas numa praia deserta. Anseios indefinidos brotam do seu coração, tentando arrastá-lo para distâncias desconhecidas, mundos perdidos no tempo, criaturas amadas mas desconhecidas que o chamam e anseiam por encontrá-lo. Os sonhos o embalam às vezes, ao dormir, em situações que o confundem, pois as imagens de outros tempos e as do presente se embaralham no processo onírico, não lhe permitindo a identificação de lugares, edifícios, cidades em que ele parece ter vivido. Os terrores noturnos o assaltam com visões que muitas vezes nada têm de trágico ou perigoso, mas que não obstante o despertam apavorado e trêmulo. Atrevido e audacioso à luz do dia, disposto a enfrentar o mundo dos velhos e transformá-lo heroicamente num mundo melhor, mostra-se infantil e frágil nesses momentos de ressonância imprecisa do passado. Às vezes, um pequeno incidente do presente, uma troca de palavras ásperas com alguém, uma jovem que o encarou distraidamente na rua e depois lhe virou abruptamente o rosto, é suficiente para levá-lo a fugir para o seu quarto, fechando-se à chave para chorar angustiado sem saber por que motivo chora. A crise da adolescência não é fatal, obrigatória, pelo menos nessa intensidade. Varia enormemente nos graus de sua manifestação e em alguns adolescentes parece nunca se manifestar. Na verdade, manifesta-se atenuada, traduzindo-se em caprichos estranhos, numa espécie de esquizofrenia insipiente, que logra os psicólogos e psiquiatras. São as variações de temperamento, de situações vividas, de sensibilidade mais ou menos aguçada, de maior ou menor integração do espírito na nova encarnação, que determinam essa variedade. A ressonância existe sempre, mas nem sempre desencadeia a crise. Os temperamentos estéticos, sonhadores, são os mais afetados. Os espíritos práticos apegam-se mais facilmente à nova realidade e a ressonância se produz neles de maneira esmaecida, sem afetar o seu comportamento.

Há criaturas que, desde a infância, começam a sentir os sintomas da crise. Certos adolescentes passam pelo período da crise como abobados, em estado de permanente distração. Rejeitam o mundo e o meio em que vivem e desejam morrer. Acham que jamais se integrarão na realidade presente. Realidade que vai, aos poucos, se impondo a essas criaturas que acabam por se adaptarem a ela. A vida tem as suas leis e sabe domar a rebeldia humana. Algumas dessas almas rebeladas acomodam-se ao mundo, mas nunca o aceitam de bom grado. Parecem exiladas em nosso planeta. O período mais difícil que atravessam é o da adolescência, rejeitando companhias, fugindo às reuniões festivas, entregues a uma espécie de desânimo permanente.

Na pesquisa espírita, verifica-se, na maioria desses casos, a presença de entidades inconformadas que aumentam a inquietação desses espíritos saudosistas. Nas reuniões mediúnicas e através de passes, encontram geralmente a solução dessa nostalgia aparentemente sem motivo. O mundo atual pressiona de maneira arrasadora essas almas sensíveis, que muitas vezes estão passando pelos resgates de privilégios que usaram e abusaram aqui mesmo, na Terra. As mudanças de posição social, a troca de um meio refinado pelas situações inferiores, no processo reencarnatório, causa os desajustes naturais de todas as mudanças. Mas cada alma já vem preparada espiritualmente para superar essas dificuldades dos períodos de adaptação.

Na educação para a morte, esses casos são naturalmente prevenidos através dos esclarecimentos da finalidade da existência. Ensinando-se e provando-se, com os dados científicos hoje amplamente conseguidos, que a evolução é lei geral do Universo e que a evolução humana se desenvolve em etapas sucessivas que nos levam sempre a situações melhores, as inquietações da adolescência são compensadas pela esperança e até mesmo a certeza de um futuro melhor. O desespero e o desânimo são sempre frutos da ausência da esperança. Em geral essa ausência decorre de informações negativas sobre o destino humano.

As informações positivas e desinteressadas, fornecidas por cientistas que buscam a verdade e não a ilusão mística das religiões, sempre interessadas no proselitismo de que vivem, são mais facilmente aceitas e compreendidas. A desmoralização natural das religiões da morte abriu as portas do mundo às concepções negativas do materialismo e do ateísmo. Por isso o mundo se tornou mais árido e insuportável, uma espécie de prisão espacial em que a espécie humana está condenada a uma vida de réprobos sem perspectiva. E de tal forma essa prisão asfixiou a Terra que os próprios cientistas, infensos à questão espiritual, se incumbiram de derrubar a ditadura da física, como assinalou Rhine. O cálculo de probabilidades substituiu a rigidez das operações exatas e invariáveis da concepção mecanicista. Introduzido o espírito nas equações físicas, a liberdade se impôs nas avaliações da mecânica e da dinâmica da Natureza. Em vão surgiu a revolta filosófica do estruturalismo de Strauss, que não passou de sonho de uma noite de verão para os antievolucionistas apegados ao bolor rançoso do fixismo dogmático. As perspectivas atuais, não obstante as loucuras do momento, são de esperança para a Terra e o homem. Bastaria esse fato para alentar os corações inquietos e as mentes perturbadas. O princípio da ordem universal perdeu a sua rigidez estática e o fluir da vida revelou a sua fluidez na surpreendente flexibilidade das estruturas vivas.

Não há mais lugar para os adeptos da nadificação em nossa cultura. O Universo revelou-se energética de força, espírito e matéria. Não se pode mais falar, como no tempo de Buckner, apenas em força e matéria. Voltamos ao pensamento grego de Tales de Mileto, o vidente que dizia: "O mundo é pleno de deuses." Na época, os deuses eram os espíritos que o povoavam, e por sua natureza específica, pairavam acima da natureza humana comum. Todos os sofismas da mística milenar e todas as dúvidas do ceticismo antigo e moderno morreram nas explosões atômicas de Hiroshima e Nagasaki. Nada se perde, nada se acaba, tudo se integra, desintegra e reintegra nas incessantes metamorfoses do cosmos. Inadmissível o conceito vazio do nada, esse buraco no absurdo. O nada não existe em parte alguma e a vida não é chama que apague ao sopro de deuses ou demônios. As sondagens astronáuticas provaram o princípio kardeciano da relação criadora e dialética entre força e matéria. Ninguém, nenhuma coisa ou objeto, nenhum ser se frustra em parte alguma, simplesmente porque as coordenadas do tempo e do espaço repousam na 'duração', esse conceito moderno e dinâmico que substituiu o conceito estático de eternidade.

A natureza ôntica revela a essência do ser como síntese consciencial da dialética espírito e matéria. Como Geley demonstrou, a realidade una e densa é um fluxo energético ininterrupto que vai do inconsciente ao consciente. Léon Denis, que Conan Doyle chamou de 'o druida da Lorena', ofereceu-nos a síntese poética e racional (razão e poesia – confirmando o hilosoísmo grego) nesta visão espantosa da realidade universal: "A alma dorme na pedra, sonha no vegetal, agita-se no animal e acorda no homem". A consciência é potência no mineral, desenvolvimento progressivo no vegetal, onde a sensibilidade aflora, transição vital no animal, que desenvolve a motilidade, e ato no homem, a caminho inevitável e irreversível da transcendência na existência. Deus, a consciência absoluta, não é o primeiro motor imóvel de Aristóteles, mas a consciência funcional do cosmos. Como na definição da educação por Hubert, Deus é a consciência plena que eleva e atrai, sem cessar, as consciências embrionárias para integrá-las em sua plenitude divina.

A ESCADA DE JACÓ

Nascimento e morte determinam o trânsito especial entre o céu e a terra. Dia e noite, sem cessar, descem e sobem os anjos pela escada simbólica da visão bíblica de Jacó. Anjos são espíritos, e o apóstolo Paulo esclareceu que são mensageiros. Trazem e levam mensagens de um plano para o outro. São mensagens de amor, de estímulo, de orientação e encorajamento. As mensagens são dadas, na maioria, através de intuições, na Terra, aos destinatários encarnados. Mas há também as que são dadas por via mediúnica, através de um médium, ou por sonhos. Essa comunhão espiritual permanente é conhecida desde as épocas mais remotas. Mas só em 1857, com a publicação de *O livro dos espíritos*, de Allan Kardec, em Paris, o problema foi encarado como positivo e levado à consideração dos sábios e das instituições científicas. As igrejas cristãs, tendo à frente a católica romana, levantaram-se contra essa colocação, que diziam simplória, de um grave problema teológico. Só os clérigos e os teólogos, segundo elas, tinham direito a tratar do assunto. Um século depois, a questão estava nas mãos das ciências e a ciência espírita, fundada por Kardec, era colocada à margem do mundo científico, por não possuir um objeto legitimamente científico, material, ao alcance dos sentidos humanos. Richet levantara, na metapsíquica, a tese do sexto sentido, e Kardec sustentava que os fenômenos mediúnicos, pelo fato mesmo de serem fenômenos, constituíam o objeto sensível da ciência espírita.

Em 1830, os professores Joseph Banks Rhine e William McDougall lançavam, na Universidade de Duke, na Carolina do Sul (Estados Unidos), a nova ciência da parapsicologia, para a investigação desses mesmos fenômenos. E em 1840, ambos proclamavam, com seus colaboradores, a prova científica da clarividência. Dali por diante, cresceu rapidamente no mundo o interesse pelo assunto e surgiram pesquisas e cátedras em todas as grandes universidades da América e da Europa. Hoje, a questão é pacífica no plano científico, e mesmo no religioso, pois a Igreja aceitou a realidade dos fenômenos e interessou-se efetivamente pelas pesquisas.

A parapsicologia avançou rapidamente, seguindo a trilha da ciência espírita, sem nenhum desvio. Vencida a barreira dos preconceitos e das sistemáticas a que se apegavam numerosos cientistas, a parapsicologia definiu-se como a ciência do homem. Rhine, ao aposentar-se na Universidade de Duke, estabeleceu a Fundação para a Pesquisa da Natureza Humana. A parapsicologia sustenta a natureza espiritual do homem e suas possibilidades de ação extensiva e intensiva no plano físico e mental ou espiritual. "A mente, que não é física, age sobre a matéria por vias não físicas", declarou Rhine, apoiado por grandes nomes da ciência em todo o mundo. Essa declaração mudou o panorama cultural do planeta. Hoje ninguém duvida, quando nasce uma criança, que se trata de um espírito humano reencarnado biologicamente na Terra. Embora ainda existam setores científicos infensos à nova ciência, firmou-se no mundo de maneira definitiva. Os cientistas que a negam ou rejeitam são considerados como retrógrados ou se definem a si mesmos como pertencentes a religiões que não devem aceitar os novos princípios.

A morte perdeu o sentido de negação da vida. Os fenômenos teta, um dos últimos tipos de fenômenos paranormais pesquisados pela parapsicologia, nada mais são do que as comunicações mediúnicas. Além do trânsito entre a terra e o céu – o mais movimentado do mundo –, existe agora a comunicação permanente entre os homens e os espíritos. As descobertas físicas no plano das pesquisas sobre a estrutura da matéria mostraram que não vivemos num mundo tridimensional, mas multidimensional. Os que morrem na Terra passam para os planos da esfera semimaterial, de matéria rarefeita, que a circunda, e, conforme o seu grau evolutivo, para as hipóstases espirituais entrevistas por Plotino, na fase helenista da filosofia grega. Nas sessões espíritas, em todo o mundo, milhares de pessoas conseguem conversar com amigos e parentes mortos, que dão provas evidentes de sua sobrevivência após a morte. As restrições dos sistemáticos e preconceituosos continuam, mas a realidade se impõe de tal maneira que essas restrições já diminuíram assustadoramente. A Terra se espiritualiza, apesar do materialismo das religiões e a morte já não amedronta milhares dos milhões de criaturas que morrem todos os dias.

Geralmente, não se pensa no que isso representa para a humanidade. Entregues às suas preocupações absorventes do seu dia a dia, homens e mulheres ainda vivem na Terra como há milhões de anos. Cuidam da vida sem se preocupar com a morte. Essa posição anestésica é útil na Terra, mas desastrosa nos planos espirituais. Nas manifestações de espíritos (fenômenos teta), pode-se avaliar o prejuízo causado às criaturas por essa alienação à matéria.

Embriagados pelos seus anseios de conquistas materiais, praticamente tragados pela vida prática, a maioria dos que morrem não têm a menor noção do que seja a morte. Entram em pânico após o trespasse, apegam-se depois a pessoas amigas de suas relações, perturbando-as sem querer ou procurando, através delas, sentir um pouco da segurança perdida na Terra. Além desses prejuízos, a falta de educação para a morte causa o prejuízo maior dos desesperos, angústias existenciais e loucuras que hoje varrem a Terra em toda a sua extensão. Por outro lado, é preciso considerar-se os prejuízos imensos produzidos pela ignorância das finalidades da vida. As próprias ciências sofrem dessa ignorância, que lhes barra o caminho de descobertas necessárias para a melhoria das condições da vida terrena.

Por mais atilados e dedicados que sejam os cientistas, se não tiverem conhecimento das leis fundamentais que regem o planeta e condicionam a humanidade, não podem penetrar nas causas dos males e problemas que enfrentam. É questão pacífica que a falta de conhecimento preciso e amplo do meio em que estamos nos deixa entregues a perigos que não podemos prever. É o que agora mesmo acontece, no caso da poluição perigosíssima do planeta pelas exigências do desenvolvimento industrial. A falta de interesse pela ecologia mergulhou o mundo numa situação desastrosa, que ainda não sabemos como poderemos superar. A ciência ateve-se aos efeitos, deixando as causas por conta da filosofia e da religião. Esta última fechou-se em dogmas ilusórios, mandando às calendas a questão fundamental das causas. Entregues aos conhecimentos empíricos da realidade constatada nos efeitos, os homens conseguiram realizar a façanha trágica da poluição total do planeta, com os mais graves prejuízos para a vida humana, bem como os vegetais e aos animais. Descuidamos da morte e perdemos a vida. Se não mudarmos urgentemente de atitude, transformaremos a Terra numa Lua sem atmosfera.

A nossa insistência na consideração escatológica da morte, na sua função essencialmente destruidora – negando-lhe o papel fundamental de controladora da vida e a de renovadora das civilizações –, parece ter provocado uma reação, em nossa própria estrutura ôntica, que nos transformou em nadificadores de nós mesmos e de toda a realidade. O estranho privilégio que pretendemos, de sermos os únicos seres condenados ao nada, num Universo em que tudo se renova e se eleva, constitui a mais espantosa contradição de toda a história humana. Essa contradição monstruosa reforma a figura do homem, no mundo, que ao invés de imagem e semelhança de Deus, aparece como a fera mais temível do planeta, onde as feras selvagens são sistematicamente destruídas e devoradas pelo animal dotado de inteligência criadora, sentimento, moral, compreensão de sua espiritualidade e sensibilidade ética e estética. O humanismo apaixonado de Marx, que sonhava sem o saber com o reino de Deus na Terra, negou-se a si mesmo, ao formular a teoria do poder totalitário e absoluto de uma classe social contra as outras. Larissa Reissner, que lutou pelos bolchevistas de armas na mão, mostra-se desolada, nas páginas brilhantes de seu livro *Homens e máquinas*, ao referir-se aos campos de trabalhos forçados da URSS, em que antigos e bravos companheiros de luta pagavam sob o poder soviético o preço de suas ilusões para o fortalecimento do Estado-Leviatã de Hobbes. A terrível dialética das revoluções sociais materialistas, sem Deus e sem coração, levou o marxismo ao pelourinho da lei de negação da negação, negando-se a si mesmo no processo histórico. Sem o respeito do homem por si mesmo, pela sua condição humana, todas as tentativas de melhorar o mundo, acabam na asfixia da liberdade, nadificando o homem depois de transformá-lo em objeto. É essa também a contradição fundamental de Sartre em *O ser e o nada* e na *Crítica da razão dialética*. Mas é precisamente das contradições entre a tese e antítese que podemos obter a síntese que nos dá a verdade possível de cada problema.

Os anjos que descem pela escada de Jacó, na alegoria bíblica, representam a tese da proposição existencial, a verdade possível do céu ou seja, dos planos divinos, entendendo-se por divino aquilo que supera a condição material. Mas são esses mesmos anjos que voltam para o céu representando a antítese. O trânsito espacial resulta da síntese humana em que a proposta terrena e a resposta celeste se fundem no processo existencial da transcendência. Por isso, Kardec rejeitou as revelações proféticas do passado, individuais e exclusivistas, que geraram as religiões da morte, estabelecendo o princípio das revelações conjugadas, de natureza científica, em que o mundo é a tese, o homem é a antítese e a verdade é a síntese. Essa síntese, como acentuou Léon Denis, é a mundividência espírita, de difícil compreensão para os anjos que descem e ficam na rotina terrena, no círculo vicioso das reencarnações repetitivas. A verdade possível é interditada a eles, não por condenação divina, mas por opção própria. Quando eles romperem o círculo vicioso, poderão compreender essa verdade, a verdade possível, ao alcance do homem que soube transcender-se. Na dialética espírita, o homem propõe a tese, o espírito responde com a antítese e a razão elabora a síntese do conhecimento possível. A religião, como ensinou Kardec, é a consequência da revelação espiritual fundida com a revelação científica. A verdade possível tem sua legitimidade e sua validade precisamente nessa fusão. Os limites da vida terrena condicionam a realidade humana às possibilidades cognitivas da mente humana atualizada na matéria. O espírito revela um princípio espiritual e o cientista revela a lei terrena a ela correspondente. Só nesse processo de perfeito equilíbrio, o homem pode evitar os perigos do misticismo alienante, para viver na Terra em marcha para a transcendência através da existência. É esse o processo que permite a fusão dialética de ciência e religião, como fundamento de toda a verdade possível na era cósmica. Por isso, não insistimos no espiritismo por sectarismo ou proselitismo, mas pelo fato inconteste de só ele nos oferecer os instrumentos conceptuais necessários à conquista da realidade. Sem a fusão da afetividade com a razão, não poderíamos atingir a síntese do conhecimento geral na fragmentação dos efeitos sem o esclarecimento das causas. O método indutivo da ciência permite--nos reunir os efeitos para a compreensão possível da causa única e transcendente.

JOVENS E MADUROS

O CONCEITO DE educação, como o chamado de uma consciência para elevar ao seu nível uma consciência imatura, segundo René Hubert, coloca a questão no plano rousseauniano da educação individual para simplificá-la, mas aplica-se a todas as formas da educação coletiva. Rousseau mesmo usou essa tática, pois não desejava reduzir a educação a um sistema privado de elite. A educação como um 'ato de amor' dirige-se a toda a humanidade. Qualquer discriminação no processo educacional, seja por motivos raciais, sociais, nacionais ou outros, é uma deturpação do processo educativo e uma traição à sua finalidade básica, que é fazer de um ser biológico, como a criança ao nascer, ou de um ser social, como o adolescente e o jovem – 'um ser oral'. As excessivas restrições de certos tipos de moral, como a vitoriana na Inglaterra e a das religiões da morte em todo o mundo, levaram a moral ao descrédito, pois a única virtude que produziram foi a hipocrisia. Quando se quer asfixiar a natureza humana, em suas exigências vitais, o resultado é sempre o mesmo e as consequências futuras resultam na rebeldia total. Mas quando se trata de um ser moral, a expressão não se refere a esta ou àquela moral, e sim à moralidade em termos pestalozianos. Nesse sentido, a educação para a morte abrange todas as idades da evolução biopsíquica do ser humano, que só atinge realmente os seus fins quando abrange as coletividades. Por isso, Pestalozzi deu ao seu sistema uma amplitude filantrópica. O simples fato de ministrarmos educação específica aos filhos de abastados, relegando as demais crianças e jovens aos azares da sorte é uma imoralidade que atenta contra o princípio do amor, fundamental na educação. É precisamente neste ponto crucial do problema, que a tríade – educação, vida e morte – se resolve numa exigência única e portanto indivisível. Quem não educa, não ajuda ninguém a viver e morrer. Isso equivale a dizer: Quem não distribui educação, em pé de igualdade, para todos, trai os objetivos existenciais do homem e da humanidade. Por outro lado, o comércio puro e simples da educação, mantido apenas com finalidade financeira, constitui-se num pecado ético muito mais grave do que o pecado mortal das igrejas. Henri Bergson viu com precisão a unidade fundamental e substancial da religião, da moral e da educação. Segundo a sua tese, a moral social se funda na religião estática, fechada em sua dogmática exclusivista, dando-lhe, apesar desse exclusivismo, a designação de moral aberta, porque ela se abre no plano social. Opõe-se a ela a moral fechada, assim designada por ser individual, que não se subordina a nenhuma religião institucionalizada, mas apenas à consciência dos homens superiores. Essa é a moral que Pestalozzi chamou de moralidade, colocando-a acima das religiões. Referiu-se também à religião animal, evidentemente primitiva, nascida da magia primitiva das selvas, que determina a moral tribal, da qual resulta, no processo evolutivo do homem, na moral social. Dessa maneira, o problema ético é o pivô de toda a educação e de toda a moral, tendo, por expressão subalterna das exigências da natureza humana, as formas possíveis da religião. Assim, Deus se faz humano e o homem se faz divino, na troca ingênua de favores mútuos entre o céu e a terra. Os jovens, recém-saídos da adolescência, acreditam-se dotados de poderes miríficos para transformar a realidade árida e caquética do mundo, renovando-a nos ardores de sua própria juventude. Quando um jovem decide entrar para a carreira eclesiástica, é porque a sociedade o convenceu de que nela poderá usar os instrumentos sagrados, provenientes da magia das selvas e aprimorados na estética da civilização, para realizar, com os poderes terrestres e celestes, em mistura, o que o sacerdócio lhe faculta, as metamorfoses necessárias de toda a estrutura social para a implantação do reino de Deus na Terra. Ao chegar, porém, ao plano dos adultos, amadurecendo no trato da mundanidade em que imperam as ambições de poder e ganância, tão contrárias às perspectivas divinas dos seus sonhos que já pendem murchos à beira dos caminhos percorridos e marcados pelos rastros de amarguras, decepções e frustrações irremediáveis, vê que os instrumentos divinos, já agora inúteis em suas mãos, nada mais são do que amuletos imaginários. Só lhe resta, então, rebelar-se contra si mesmo, negar-se na dialética dos sonhos e desenganos e ajustar-se ao comodismo da maturidade sem perspectivas. É nesse momento fatal do fim da juventude que as religiões entram em agonia. A crença ingênua e tecida de lendas piedosas se transforma em paliativo ignóbil para os desesperos do mundo, e os impulsos do antigo entusiasmo se revelam mortos e exangues como as serpentes de fogo da kundalini indiana que viraram cinzas e carvão triturado pelos anos. A moral, que antes brilhava no céu das aspirações supremas da alma, é então um cadáver frio que serve apenas para defendê-lo das fraquezas inevitáveis do passado. No velório estúpido das carpideiras, o herói fracassado, vencido por si mesmo, só encontra a consolação presente e duramente aviltante das acomodações. Qual a sua concepção da morte? A do túmulo, da podridão oculta no laboratório da terra para o aproveitamento na química dos resíduos impuros – o nada. O pivô poderoso que sustentava o giroscópio das aspirações supremas transformou-se apenas num pivô forjado por dentista de arrabalde, agora solto e inútil na boca desdentada de uma bruxa a que chamam pelo nome de morte. Não há saída alguma nesse impasse final e definitivo. O homem se entrega então, sem ilusões ou esperanças possíveis, ao prazer mesquinho da bajulação e da subserviência, temperando os restos de sua existência perdida no caldo amargo das humilhações. Essa é a tragédia das gerações que floresceram nos campos semeados pelas mentiras da religião e da moral que se cevam na hipocrisia.

Por isso, o fim do mundo, imaginado pelos teólogos e pregado pelos clérigos, nada mais é que o sabá funambulesco dos duendes sem esperanças. Os mortos ressuscitam para a vida eterna. Mas o fazem em seus corpos recuperados por um deus sádico, que os retira do túmulo no estado precário em que morreram num passado longínquo, dando-lhes apenas o consolo de continuarem, na eternidade, a viver com as doenças e os aleijões de uma vida frustrada. Não seria preferível o caldeirão do diabo, nesse caso mais piedoso do que Deus? É espantosa a inversão de valores produzida pela imaginação teológica no cristianismo. Espremidos entre duas ordens de coisas, a humana e a divina, mas fatalmente apegados, por sua condição humana e pelo condicionamento das aspirações celestes, os teólogos fizeram tal confusão na suposta ciência de Deus, que herdaram das mitologias pagãs, que acabaram atribuindo virtudes de Deus ao diabo e atribuindo a Deus maldades daquele. Disso resultou que Deus aparece muitas vezes no plano teológico vestido com a pele do diabo, e este se atreve, não raro, a enfiar-se, diabolicamente, na pele de Deus. Claro que essa lamentável confusão levaria os homens, não aos caminhos do céu nem às veredas do inferno, mas ao deserto sem caravanas nem roteiros da descrença e do materialismo. Tanto papel impresso se gastou, em tomos inflados de sabedoria fantasiosa, que se tornou necessária a rede de dogmas inexplicáveis e invioláveis, até mesmo intangíveis, para se impedir o desmoronamento total das gigantescas estruturas teológicas. Mas não há prisão que escravize para sempre o pensamento, hoje, reconhecido como a energia mais poderosa do Universo. Esses prometeus de batina quiseram roubar o fogo do céu sem escalar o Monte Olimpo. Evitaram os raios de

Zeus e de Júpiter, mas acabaram enrolados em suas próprias trapaças. A Igreja não confiou nas sementes do Evangelho (que Lutero teve de arrancar à força de suas mãos azinhavradas) e semeou na Terra as sementes do diabo, regadas a maldições e sangue, ao crepitar sinistro das fogueiras inquisitoriais. Essas mesmas fogueiras, porém, fizeram amadurecer a razão humana que explodiria em flores e frutos, em safras inesperadas nos fins da Idade Média e no Renascimento. Deus corrigia os teólogos.

As novas gerações são as últimas herdeiras da herança teológica e enfrentam os derradeiros embates com os defensores de uma tradição mentirosa e hipócrita. Essa posição exige dos jovens pesados ônus. Eles se sentem esmagados por aquelas exigências dos rabinos do templo, que Jesus acusou de sobrecarregarem os homens com fardos esmagadores e não ajudá-los sequer com a ponta dos dedos. Amarrados à tradições da família e ao mesmo tempo atraídos pelas perspectivas de uma vida mais racional e justa em conflito consigo mesmo. O chamado conflito de gerações se acentua e complica, levando muitos jovens à revolta e ao desespero. Acabam rasgando os velhos protocolos dos sábios de Sião e entregando-se a experiências, na busca de originalidades. Chegam à maturidade em plena confusão. Não conseguiram assimilar a cultura do passado e precisam integrar-se urgentemente nas condições de um mundo híbrido em que as opções tornam-se embaraçosas. O anseio dos adultos, de se parecerem jovens, torna-os geralmente excêntricos, portanto desajustados. Nessa fase de transição, a idade cronológica perde o seu antigo sentido; juventude e maturidade se confundem, gerando uma velhice insubordinada que tripudia sobre os valores antigos. Mas a força da idade acaba se impondo e obriga os velhos jovens a todos os compromissos da mentira e da hipocrisia. É por isso que parece, aos observadores atentos, como virado do avesso.

A educação para a morte os livraria dessas situações conflitivas, dando-lhes os instrumentos da compreensão da época, necessários à orientação segura para os tempos de insegurança. A morte nos espera e surpreende a todos, mas quando aprendemos que a morte não é a estação final da vida e sim um ponto de baldeação para outros destinos, reconhecemos a necessidade das fases de transição, que nos fazem conhecer o avesso do mundo. É nessas fases que a rotina das civilizações se quebra, se despedaça, para que o fluxo da evolução possa prosseguir nas civilizações subsequentes. As pessoas que não podem aceitar o princípio da reencarnação, que lhes parece absurdo, deviam pensar na rotina da vida, que nos fecha também na rotina das ideias feitas e aceitas sem análise. Num Universo essencialmente dinâmico, em que, como dizia Heráclito, não podemos entrar duas vezes num mesmo rio, pois enquanto saímos das águas o rio já se modificou, não é admissível aceitarmos que só o homem não possa mudar--se, transformar-se, e tenha de desaparecer com a morte. A regra é uma só, para todas as coisas e todos os seres. Desde que nascemos até morrermos, a nossa própria vida individual é uma constante mudança. Por isso, perguntou o poeta mexicano Amado Nervo: "É mais difícil renascer do que nascer?"

A ETERNA JUVENTUDE

NAS PESQUISAS BÁSICAS da ciência espírita, fundada e desenvolvida por Kardec, os fenômenos mediúnicos, hoje chamados paranormais, revelaram que os mortos remoçam, rejuvenescem após a morte. As pesquisas posteriores, como as da metapsíquica, da física transcendental de Zöllner, da biopsíquica de Notzing, dos neometapsiquistas como Gustave Geley e Eugène Osty, e nas pesquisas psicofísicas de William Crookes, de Sir Oliver Lodge, de Crawford (especialmente sobre a mecânica do ectoplasma) e nas pesquisas atuais da parapsicologia moderna, esse fenômeno se confirmou plenamente. Mesmo quando, nos fenômenos de aparições (estudados recentemente por Rhine e Loise Rhine, por Pratt e seu Grupo Teta de pesquisas) a confirmação se repete. Em nossas pesquisas pessoais ou de grupo, na companhia de pesquisadores experimentados como o dr. Adalberto de Assis Nazaré, ou dr. Urbano de Assis Xavier (médium de comunicações orais, inclusive voz direta, ectoplasmia e efeitos físicos em geral), constatamos diretamente o fenômeno de rejuvenescimento. Um radialista, homem de TV, contou-nos um fato curioso a respeito. Sua mãe reclamou ingenuamente a ele contra aparições desafiantes do espírito do pai, que lhe aparecia como um velho remoçado, mostrando-lhe especialmente o rosto sem rugas e dizendo-lhe: "Enquanto você continua enrugando, veja como estou cada vez mais moço."

Quando se tem a noção da diferença básica entre espírito e matéria, é fácil compreender-se o fenômeno. O espírito – como elemento natural e básico da formação da Terra – não se desgasta no tempo, enquanto a matéria sofre desgaste violento. Livre do condicionamento humano do corpo físico, o espírito humano não sofre o envelhecimento. Quando se manifestam envelhecidos, o fazem artificialmente, para comprovação de sua identidade humana.

Por estranho que pareça, o elixir da longa vida e da juventude perene não está nas mãos dos vivos, mas nas dos mortos. Só a morte goza do privilégio de nos rejuvenescer. Na dialética da vida e da morte, essa contradição se resolve na síntese da ressurreição, nos termos exatos do ensino do apóstolo Paulo, em sua primeira epístola aos Coríntios. Geralmente buscamos na Terra o que só poderemos encontrar no céu. É esse um dos melhores motivos para não querermos rejeitar ou maldizer a morte. Kardec já ensinava que o mundo primitivo, o mundo matriz de que nasceu o nosso, é o espiritual. Este mundinho terreno pode desaparecer a qualquer momento, sem que isso afete em nada a perfeição e a harmonia do cosmos. Assim como a criatura humana, ao nascer na Terra, procede do mundo espiritual, também a Terra, ao ser formada no espaço sideral, procedia dos mundos ancestrais.

Coube aos materialistas soviéticos – assustados com essa dialética desconhecida – provar, neste século, que uma simples folha de árvore tem a sua matriz espiritual intangível e indestrutível pelos nossos instrumentos materiais. Aquilo que parecia um simples sonho de Platão, o mundo-matriz das ideias, tornou-se realidade científica e tecnológica da Era Cósmica nas famosas pesquisas da Universidade de Kirov. O corpo bioplásmico de todos os seres vivos e o modelo ideal de todas as coisas existe e pode ser provado pelos que desejarem procurá-lo nas próprias coisas e seres.

As duplicatas platônicas, vencidas há milhões de anos, podem ser pagas agora, sem juros nem correção monetária, nos guichês da pesquisa científica mundial. O pânico ideológico desencadeado na URSS por essa temerária descoberta, com as reações políticas inevitáveis, não empanam de maneira alguma a glória incômoda dos pesquisadores vitorianos. Sabemos todos que a pesquisa científica não depende de concessões estatais, como não dependeram, na Idade Média, de licenças religiosas. Uma pesquisa científica é soberana em seus resultados e a validade destes depende apenas da autoridade científica dos pesquisadores e da metodologia aplicada. Se tudo se passou em plano universitário e as provas objetivas resistem às repetições experimentais, nenhum poder exterior pode invalidá-las. Se o Estado Soviético recusou os resultados contrários aos seus dogmas ideológicos, isso não invalida cientificamente os fatos comprovados. No âmbito do poder estatal, a recusa pode ser aceita pela violência, mas no plano puramente científico, somente a contraprova científica poderia invalidá-los. E como os dados foram divulgados e confirmados em entrevistas dos pesquisadores para a imprensa mundial e publicados por universidade estrangeira, sob a responsabilidade de entrevistadoras universitárias, em edição oficial universitária, o problema escapa ao poder do Estado interessado em negá-los. Aceitar-se a negação por decreto seria violentar os direitos impostergáveis da ciência, soberana em seu âmbito inviolável.

Dentro das normas universais da ciência, não há, nem pode haver outra rejeição dos resultados além da contraprova cientificamente válida, realizada por cientistas capacitados em plano aberto, livre de injunções estranhas. Não fosse assim e a verdade científica ficaria entregue ao arbítrio dos Estados poderosos, em detrimento da verdade e da própria validade da ciência como tal.

Por outro lado, a realidade do corpo bioplásmico já havia sido provada pelas pesquisas anteriores de cientistas consagrados da Europa e da América, que confirmaram a tradição cristã a respeito, com os mesmos resultados das pesquisas da Universidade de Kirov. Se o chamado materialismo científico fosse aceito como árbitro infalível da ciência, no interesse exclusivo de ideologias sociais, a verdade ficaria adstrita ao pragmatismo dos Estados interessados e cairia no plano perigoso dos formalismos acadêmicos. Voltaríamos à sujeição da ciência, o que vale dizer da verdade, aos déspotas do poder estatal, em substituição ao absolutismo medieval da Igreja, com o adendo moderno, mas não atual, da infalibilidade das revelações proféticas.

Certas pessoas se impressionam com pareceres e proclamações de entidades paracientíficas que, sem possuírem a contraprova científica, arrogam-se o direito de condenar a descoberta apoiados apenas em argumentos pseudocientíficos. Temos contra isso, na própria URSS, o episódio Vasiliev contra Rhine, no qual o notável cientista soviético de Leningrado tentou desmentir a afirmação do professor Rhine de que o pensamento não é físico.

Vasiliev confessou o fracasso das suas tentativas de contraprova e contentou-se em afirmar que estava convencido do contrário. Uma capitulação que só serviu para fortalecer a tese do cientista norte--americano. E tudo ficou nisso, porque não havia nem há possibilidade de se transformar em matéria a natureza extrafísica do pensamento e da mente. As pesquisas sobre a natureza do pensamento mostraram que ele não está sujeito às leis físicas. Não está sujeito a condicionamentos, não se desgasta nas emissões às maiores distâncias, não sofre nenhuma influência da lei de gravidade e não é interditado por nenhuma barreira física. Um pensamento emitido aqui e agora pode ser captado no outro hemisfério, agora mesmo ou daqui a vários anos. Reconhecido como a energia mais vigorosa de que podemos dispor, é a única a servir com eficiência na comunicação astronáutica. O isolamento de uma nave espacial que passa por trás de um corpo celeste como a Lua, não podendo nesse trajeto comunicar-se com a Terra, é rompido sem dificuldades pelo pensamento. Temos assim em nós mesmos os recursos para as incursões cósmicas. Além disso, o pensamento percorre as distâncias e o tempo em todas as suas dimensões, podendo invadir o futuro e mergulhar no passado, nos fenômenos de precognição (profecia) e de retrocognição (adivinhação do passado). O treinamento telepático (transmissão do pensamento) aperfeiçoa e desenvolve a ação do pensamento, permitindo ao homem a onipresença dos deuses. Quando sabemos que essa energia mental é a mesma que constitui o espírito humano, compreendemos que a sobrevivência espiritual do homem é uma lei natural e que o domínio da morte se restringe apenas ao campo material. Nas fotos paranormais obtidas pelos pesquisadores de Kirov, segundo os depoimentos de Lynn Schroeder e Sheila Ostrander, pesquisadoras da Universidade americana de Prentice Hall, o corpo bioplásmico aparece irradiante, sem a opacidade do corpo material. Cientistas russos disseram que esse corpo espiritual assemelha-se ao brilho de um céu intensamente estrelado. É isso o que somos, e não matéria. E nessa condição estelar gozamos da juventude eterna, pois o espírito não está sujeito a desgastes nem ao envelhecimento. Jesus respondeu, certa vez, aos judeus que o interpelavam sobre a natureza humana: "Não está escrito, nas vossas escrituras, que vós sois deuses?" Os deuses não envelhecem nem morrem. Formados daquilo que podemos chamar de 'essência mental' – nem matéria, nem antimatéria – não somos perecíveis nem estamos sujeitos a envelhecer. Educar para a morte é preparar os homens para a passagem natural do mundo material para o espiritual. Essa preparação não demanda um curso especial e rápido, mas exige um progressivo esclarecimento da realidade humana através da existência. Temos de arrancar da mente humana a visão errônea da morte como escuridão, solidão e terror, substituindo esse abantesma do terrorismo religioso pela visão dos planos superiores de que a verdadeira vida flui para a Terra. O luto, os velórios sombrios, as lamentações das carpideiras antigas ou modernas, a fronte enrugada pelas preocupações pesadas e dolorosas – tudo isso deve passar no futuro para os museus de antiguidades macabras e estúpidas.

Em tudo isso, nada existe de sobrenatural. Na Terra ou no céu, estamos dentro da Natureza. As leis naturais que conhecemos na matéria são as mesmas que abrangem todo o Universo, na riqueza e no esplendor da Natureza. A salvação que todos os crentes desejam não vem dos formalismos religiosos de nenhuma igreja, mas do nosso esforço cotidiano para nos transformarmos de prisioneiros da matéria e da animalidade primitiva para a espiritualidade que carregamos oculta e abafada em nós mesmos. A filosofia existencial do nosso século considera a existência como subjetividade pura, o que vale dizer que somos espíritos. A juventude eterna do espírito é a herança que nos foi reservada, como filhos de Deus que somos. Porque Deus, a suprema consciência, não nos criou do barro da Terra, mas da luz das estrelas.

O ATO EDUCATIVO

Por tudo o que vimos até agora, estamos numa fase histórica em que o mistério da morte, foi ampla e seguramente, resolvido. Não é mais possível a menor dúvida no tocante à sobrevivência de todos os seres vivos ao fenômeno universal da morte. Nada se acaba, a duração das coisas e dos seres é infinita. Esse é um aspecto da realidade que esteve sempre exposto à observação humana, provando-se, incessantemente por si mesmo, desde as selvas até às mais elevadas civilizações. Essas provas chegaram em nosso tempo a um ponto decisivo, graças ao desenvolvimento das ciências, ao esclarecimento cultural que afastou das mentes mais desenvolvidas e capacitadas as dúvidas criadas pelas superstições e pelo comércio religioso da morte em todo o mundo.

Apesar disso, a posição da ciência a respeito da questão permaneceu invariável nos últimos séculos, particularmente nos séculos 18 e 19. O entusiasmo pelas conquistas técnicas pelas vitórias na luta contra a dogmática da Igreja e a esperança ilusória de uma rápida e fácil explicação do mundo pelas teorias mecanicistas, geraram o materialismo simplório e alegre que Marx e Engels chamariam de utópico, reservando para si mesmos a classificação pomposa e temerária de 'materialismo científico'.

Nessa mesma época, surgia a ciência espírita e abria-se para o mundo uma visão mais séria e grave da realidade total do Universo. Como acentuou Conan Doyle, às invasões inconsequentes e dispersas dos espíritos em nosso mundo terreno, sucedia uma 'invasão organizada', dirigida por espíritos superiores, com finalidade clara e definida de revelar 'a verdade cristã', até então trapaceada, em sua pureza essencial. Só então a morte começou a mostrar aos homens a sua face oculta, revelando ao mesmo tempo o sentido verdadeiro da vida e, como acentuou Léon Denis, 'sua pesada responsabilidade'. Às práticas misteriosas e aterradoras da preparação dos homens para a morte sucediam as primeiras tentativas, pelas mãos de Denizard Rivail, discípulo e continuador de Pestalozzi, no desenvolvimento de uma educação para a morte.

Toda a longa fase anterior, envolta em superstições mágicas e misticismo alienante, dos tempos primitivos até a primeira metade do século 19, foi apenas de preparação dramática, sombria e trágica da criatura humana para o mistério insondável em que toda a humanidade seria fatalmente tragada. É incrível que as igrejas cristãs se esforcem tanto, até hoje, para manter essa situação desesperante no mundo. Ainda há pouco, o papa Paulo VI, mostrando-se preocupado com a sua morte próxima, declarou que nada fala a Igreja sobre a morte, a não ser que sobrevivemos a ela numa forma de vida misteriosa. De mistério em mistério, como se vê, os problemas fundamentais da vida e da morte foram escapando das mãos dos clérigos. Hoje esses assuntos passaram para o âmbito da ciência. Mas é à educação e à pedagogia que, em última instância, cabe hoje a obrigação de elaborar os programas de orientação educacional de todos nós para o ato de morrer. A didática especializada dessa nova disciplina ressalta, como ponto central do novo campo educacional, o ato 'educativo'.

Nele se concentra, como no núcleo do átomo, todo o poder organizador e orientador do processo a se desenvolver. Para René Hubert e Kerschensteiner, o ato educativo é um ato de amor. Nas pesquisas sobre a educação primitiva, entre os selvagens, evidenciou-se que a natureza da Educação é essencialmente afetiva, amorosa. Isso nos mostra que a Educação para a morte não pode ser coercitiva, autoritária, constrangedora e muito menos aterrorizadora. As religiões da morte, portanto, se negaram ao optar pelo terrorismo das maldições e das ameaças para educar os homens no árduo ofício de morrer e de suportar a morte ao seu redor. Simone de Beauvoir observou, em contato com materialistas ideologicamente convictos de que morrer é uma necessidade natural do homem, que os materialistas temem, principalmente, a solidão da morte. Nada sabem, como os religiosos, sobre os segredos da morte. Deve ser por isso que sempre morrem de olhos abertos, deixando aos vivos o trabalho de fechá-los. Se os materialistas pudessem ser filósofos, não se importariam com a solidão da morte, pois se nela tudo se acaba, não pode haver solidão. E é também por isso que não pode haver uma filosofia materialista.

A essência da filosofia é a liberdade, e o seu objeto é ela mesma. A filosofia é a captação livre da realidade que nos dá uma livre concepção do mundo. O materialista não é livre, pois está preso à ideia fixa de que tudo é matéria. Foi essa posição incômoda que afastou Marx da escola hegeliana e o levou à correção errada da dialética certa de Hegel, virando de cabeça para baixo o que estava evidentemente em pé. Por isso, Marx e Hegel, o profeta bíblico extemporâneo e seu anjo anunciador, transformaram a filosofia num jogo de xadrez, cujos resultados estão marcados desde o início da partida. A concepção do mundo do marxismo é um tabuleiro com peças fixas e invariáveis, e jogadas pré-fabricadas. Daí o impasse marxista na filosofia, rodando sempre num círculo vicioso, um labirinto em que se perdeu o fio de Ariadne. A própria Revolução Russa, que devia modificar o mundo, acabou produzindo o impasse do constante retorno às fórmulas capitalistas.

Para livrar o homem da exploração capitalista, a URSS teve de capitalizar-se e recorrer, desde os primeiros momentos, à exploração horripilante do trabalho forçado. Não há uma porta de saída para a concepção solipsista do mundo no marxismo, a não ser a do anarquismo, que não pode ser usada porque esvairia em breve as bases filosóficas artificiais. Enquanto não devolver o espírito à sua concepção do mundo, o marxismo não alçará voo. Ficará rodando no chão por falta de uma asa, como explicava o professor Bressane de Lima em suas palestras espíritas. O mesmo acontece com o capitalismo, que tem suas asas presas na truquez histórica formada pelas pinças agressivas e impiedosas da economia burguesa e das religiões da morte, com seus aparatos e suas encenações cerimoniais. Não é por acaso que estamos num mundo tão cheio de conflitos e angústias. Pagamos caro o mundo fantasioso que orgulhosamente construímos sobre o mundo natural da Terra. Readaptar esse mundo humano à realidade planetária é tarefa urgente, que cabe a todos e a cada um de nós.

O ato educativo, no processo da educação para a morte, revela-se ainda mais profundo e significativo do que na educação comum. Começa pelo chamado de uma consciência esclarecida e madura às consciências imaturas, para se elevarem acima dos conceitos errôneos a que se apegam. Temos de revelar e justificar para essas consciências, com dados científicos atuais, o mecanismo individual e coletivo da morte. Urge convencer o homem de que a morte não é um mal, mas um bem da Natureza e uma necessidade para o homem. Temos de mostrar que o morto não é um cadáver, mas um ser imortal que, ao passar pela vida e a morte enriqueceu-se de novas experiências, adquiriu mais saber, desenvolveu suas faculdades ou potencialidades divinas. Temos de explicar o sentido da palavra até hoje empregada de maneira alienante, ressaltando que a condição divina do homem é simplesmente o produto de uma existência de trabalho, amor e abnegação, em que a criatura supera, nas vias da transcendência, o condicionamento animal do corpo material e a ilusão sensorial que o imante ao viver animal. Temos de quebrar a sistemática habitual das escolas e das igrejas, que se apegam ao pragmatismo, às subfilosofias do 'viver por viver', desvendando o verdadeiro significado do prazer e do amor, como elementos de sublimação da criatura humana nas funções vitais e genésicas da espécie. O mandamento do amor ao próximo deve ser colocado em plano racional, livre das ameaças opressivas e do emaranhado das conveniências imediatistas. Temos que mostrar que o Amor a Deus, a mais elevada forma de amor existente na Terra, não é feito de medo e terror, mas de compreensão que não se dirige a um mito, mas a uma consciência que nos impulsiona na prática da justiça e da bondade, sem discriminações de espécie alguma. Temos de esclarecer que a morte está em nós mesmos e não fora de nós, que convive com a vida em nós. Como ensinava o Buda: "a morte nos visita 75 vezes em cada uma das nossas respirações". Temos de mostrar que, na verdade, morrer é simplesmente deixar o condicionamento animal e passar à vida espiritual.

A fase mais difícil do ato educativo é a que dá a compreensão do desapego aos bens passageiros do mundo, sem desprezá-los, como forma de preparação para as atividades de abnegação amorosa que devemos exercer depois da morte. Mas não devemos carregar nas promessas de além-túmulo, pois não se promete o que não se pode dar, mas devemos ensinar que só se levará, na mudança da morte, a bagagem das conquistas que se realizar aqui, na vida terrena. Não seremos premiados, mas pagos na outra vida, justamente pagos por tudo o que demos gratuitamente nesta vida. Esse ensino, acompanhado de exemplos vivos da nossa própria vivência, mostrará aos educandos que não usamos palavras de piedade, mas os convidamos a caminhar ao nosso lado, fazendo o que fazemos. Devemos substituir as ideias de recompensa pelas de consequência. Mas, se fizermos tudo isso sem amor, pensando apenas em nós mesmos, nossos atos não terão repercussão, pois nada mais fizemos do que cumprir o nosso dever, no contrato social e universal da convivência humana. Ninguém faz sem ter aprendido, mas ninguém aprende sem fazer. Assim, a reciprocidade do nosso fazer nos liga profundamente aos outros nas malhas da lei de ação e reação, mostrando-nos de maneira objetiva e subjetiva que somos todos necessários uns aos outros. A convivência humana é entretecida de interesses, desconfianças, despeitos e aversões, sobre um pano de fundo em que o amor, a simpatia e o respeito oferecem precária base de sustentação. Grande parte dessa tecitura de malquerenças recíprocas provém de motivos ocultos, provenientes de invejas e ciúmes. Porque uns são mais dotados do que outros e a vaidade humana não permite aos inferiorizados perdoar os mais agraciados pela Natureza ou pela fortuna. O problema da reencarnação explica essas diferenças, muitas vezes chocantes, e alenta os infelizes com esperanças racionais, mostrando-lhes que cada um de nós é o responsável único pelo seu condicionamento individual. Os homens aprendem a tolerar suas derrotas hoje para alcançar vitórias futuras, e nesse aprendizado já se superam a si mesmos, modificando o teor inferior das relações sociais. As pesquisas científicas atuais sobre a reencarnação fazem parte necessária da educação para a morte, que, no caso, perde a maioria de seus aspectos negativos e se transforma em promessa de recompensa possível. Ao mesmo tempo, substituindo as ameaças religiosas absurdas pelos socorros das boas ações na vida de prova, que é sempre passageira, predispõe às criaturas condições espirituais na vida presente. As provas científicas do poder do pensamento, que hoje se revela como forma de comunicação permanente na sociedade humana, mostram-nos a conveniência da conformação e da alegria íntima nas relações sociais.

O ato educativo, nessa extensão e nessa profundidade, torna-se o mais poderoso instrumento de transformação do homem, levando-o a descobrir em si mesmo as mais poderosas fontes de energia de que podemos dispor no mundo, e basta isso para nos dar a nova consciência que apagará em nós todos o fermento velho de que falava Jesus aos fariseus, os resíduos animais da nossa condição humana.

Não é com sermões tecidos de palavras mansas e palavrório emotivo, nem com piedade fingida, bênçãos formais do profissionalismo religioso, promessas de um céu de delícias ao lado de ameaças de condenações eternas que podemos despertar os homens para uma vida mais elevada. Temos de colocar os problemas humanos em termos racionais, sem contradições amedrontadoras. O homem reage, consciente ou inconscientemente, a todas as ameaças e condenações e a todas as injustiças da sociedade e das potências divinas. Até hoje, fomos tratados como animais em fase de domesticação e reagimos intensificando a violência e a revolta por toda a Terra. De agora em diante, precisamos pensar seriamente na educação positiva do homem na vida, com vistas à sua educação para a morte. O instinto de posse e as ambições do poder desencadearam na Terra a onda de violências que hoje nos assombra. Mas o homem é racional e pode superar essa situação desastrosa ante a revelação das molas secretas do amor e da bondade. Em sua consciência está a marca divina do criador, na ideia de Deus que Descartes descobriu nas profundezas de si mesmo. Num mundo e numa sociedade em que os estímulos são, na maioria, negativos, os exemplos deploráveis, as leis injustas, as religiões mentirosas entregues ao tráfico da simonia, a moral hipócrita e assim por diante, em que os bons se afundam na miséria para que os maus vivam à tripa forra, não há condições para o desenvolvimento das virtudes do espírito, mas somente para os vícios da carne.

O ato educativo, na educação para a morte, constitui-se num processo complexo que deve abranger todas as faculdades humanas, para elevá-las ao plano das funções superiores do espírito. Começando no indivíduo, primeira brecha pela qual se pode injetar a ideia nova em relação constante com a morte, esse ato de amor se estende às comunidades, contagiando o mundo. É o que Jesus comparou à ação do fermento numa medida de farinha, para levedá-la. É também a pitada de sal que dá gosto à insipidez do mundo, através daqueles que se disponham a salgar-se a si mesmos para transmitir aos outros o sal estimulador. Todas essas coisas não são novas, são velhas, mas na verdade não envelhecem.

Há dois mil anos, Jesus de Nazaré, carpinteiro e filho de carpinteiro, ensinou ao mundo os princípios da educação para a morte e enriqueceu seus ensinos com o seu exemplo pessoal. Exemplificou a própria imortalidade, ressuscitando em seu corpo espiritual – o corpo bioplásmico que os materialistas descobriram e se apressaram a esconder da humanidade. Mas a educação para a morte foi logo transformada nas religiões da morte pelos mercadores dos templos e o mundo retornou às trevas, apegado aos mitos e enriquecendo o panteão mitológico com a imagem do carpinteiro crucificado por judeus e romanos em conluio. Cabe-nos, agora, na antevéspera científica e tecnológica da era cósmica, dispor-nos a lutar pela reimplantação da educação para a morte, que ensinará os homens a bem viver para bem morrer, ou seja, morrer conscientes de que não morrem, pois a lei do cosmos não é a morte, mas a vida sem fim, indestrutível na realidade infinita da criação. A hora da magia esgotou-se nas selvas, nas tentativas ingênuas dos homens primitivos, de descobrir e controlar as leis naturais, dominando a Natureza por meios ilusórios e grotescos. A hora das religiões escoou-se nas ampulhetas de areia ou nas clepsidras gotejantes. A hora da ciência esvaiu-se nas minúcias da técnica. Mas surgiu afinal a hora da verdade, em que toda a realidade se transforma em estruturas invisíveis, na poeira atômica e subatômica das inversões da antimatéria. É a hora esperada da ressurreição do espírito.

O MANDAMENTO DIFÍCIL

O MANDAMENTO CENTRAL dos evangelhos, e por isso mesmo o mais complexo e o mais difícil, é o de amar ao próximo como a nós mesmos e a Deus sobre todas as coisas. Amar ao próximo não parece muito difícil, mas amá-lo como a nós mesmos é quase uma temeridade. Mas Jesus o deu de maneira enérgica, explicando ainda que esse amor corresponde também ao amar a Deus. Amamos naturalmente a nós mesmos com tal afinco que, estendemos esse amor à família e o negamos às pessoas estranhas, não raro de maneira agressiva e ciumenta. Podemos explicar isso, psicologicamente, pelo egocentrismo da infância, que é uma exigência da formação da personalidade. Se a criança não fosse, como se costuma dizer, o centro do mundo, e não se apegasse a essa centralização, seria facilmente absorvida na mundanidade e dispersa na temporalidade, para usarmos a terminologia de Heidegger. Para manter a sua unidade ôntica, ou seja para ser 'ela mesma', a criança tem de se apegar com unhas e dentes ao seu ego, esse pivô interno, em torno do qual desenvolvem-se as energias da afetividade e da criatividade. O mundo nos atrai e tenta absorver-nos num processo de dispersão centrífuga. Se não tivéssemos o pivô do ego, com suas energias centralizadoras, o ser estaria sujeito a se perder na dispersão das energias ônticas. O normal é que essas duas correntes energéticas se contrabalancem, sem o que teríamos o indivíduo egoísta ou o indivíduo amorfo, sem nunca atingirmos a formação da personalidade que define o homem. A permanente ameaça e o temor da dispersão geram no homem a reação de defesa contra a eternidade. Nas tribos selvagens, as crianças recém-nascidas são consideradas criaturas estranhas e misteriosas, que chegam não se sabe de onde. Por isso são tratadas com carinho na primeira e segunda infância, mas depois submetidas a períodos de observação quanto às tendências que devem revelar. Só adquirem um nome e se integram na tribo depois de reconhecidas como em condições para tanto. Nas civilizações, encontramos um desenvolvimento agudo do sociocentrismo, em que os estrangeiros são considerados impuros, como na antiga Israel, ou considerados bárbaros, como na

Roma Antiga. O próprio instinto de conservação, que começa na lei física da inércia e se prolonga nas coisas e nos seres, até ao homem e às suas instituições, completa esse quadro defensivo. Não há dúvida que a nossa desconfiança em relação ao próximo provém dessas forças instintivas. Só conseguimos vencê-las quando nos sentimos onticamente maduros, como seres formados e definidos em nossa personalidade. Quanto mais inseguros nos sentimos, tanto mais difícil se torna a nossa aceitação do próximo sem prevenções e desconfianças. Nossa primeira atitude, ante um desconhecido, é sempre de reserva ou de antipatia. Somente nos reencontros reencarnatórios de criaturas afins, com um passado de relações felizes ou uma afinidade vibratória semelhante, os primeiros contatos podem ser expansivos.

A sabedoria dos ensinos de Jesus se revela precisamente nesses casos em que se mostra de maneira evidente. Com o ensino do amor ao próximo Jesus agiu sobre a indevida extensão dessas forças preservadoras num tempo de maturidade. Não foi somente com o ensino do monoteísmo, da unicidade de Deus, que ele procurou acordar-nos para a fraternidade humana. Completando a ação reformista e dando mais ênfase à necessidade de amarmos a todos os nossos semelhantes, ele definiu a família humana como decorrente da paternidade universal de Deus.

Stanley Jones, pastor metodista, chamado 'o cavaleiro do reino de Deus', por suas pregações profundamente humanistas, descobriu a maneira cristã de combater essa aversão ao estranho, dizendo: "Quando vejo passar pela minha porta um homem condenado pelos outros, logo penso que, por aquela criatura detestada, o Cristo entregou-se à crucificação." Porque, na verdade, Jesus não veio à Terra para salvar a este ou àquele, mas a toda a humanidade. Se conseguirmos compreender isso, afastaremos da Terra o cancro moral do racismo, da aversão ao estrangeiro, da impiedade para com os infelizes viciados no crime e na maldade, oferecendo-lhes pelo menos um pouco de simpatia. Com isso, pingamos uma gota de amor na taça de fel que o nosso irmão leva aos lábios todos os dias.

Mais estranho nos parece o mandamento: "Amai aos vossos inimigos." Entretanto, se não fizermos isso, nunca aprenderemos realmente a amar. Porque o verdadeiro amor nunca é discriminativo, mas abrangente, envolvendo num só objeto de afeição todas as criaturas. Como ensina Kardec, não podemos amar a um inimigo como amamos a um amigo, que conhecemos pela experiência da convivência, depositando nele a nossa confiança. Amar ao inimigo não é fácil, exige principalmente o sacrifício do perdão e do esquecimento do que ele nos fez de mal. E, por isso mesmo esse amor é sublime, podendo levar o inimigo a se transformar no nosso maior e mais reconhecido amigo. Não podemos, porém, agir com ingenuidade nesses casos. Temos de usar sempre, como Jesus ensinou, a mansidão das pombas e a prudência das serpentes. Diz o povo que "Quem faz um cesto faz um cento." O homem, herdeiro dos instintos animais, é também herdeiro dos instintos espirituais de que trata Kardec, e possui o poder discriminador da consciência. Agindo sempre com a devida prudência, pode apagar as mágoas da inimizade sem entregar-se às armadilhas da traição. Assim, o processo de amar o inimigo não pode ser imediato, mas progressivo, segundo a prudência dos selvagens no trato com os novos e ainda desconhecidos companheiros que chegam à tribo 'vestidos com a roupagem da inocência', segundo a expressão kardeciana. O que importa, no caso, não é o milagre da conversão do inimigo em amigo, mas o despertar, no homem, da compreensão verdadeira do amor.

A importância desse problema, na educação para a morte, relaciona-se com a questão da sobrevivência. As pesquisas da ciência espírita mostraram que muitos dos nossos sofrimentos na Terra provêm das malquerenças do passado. Um inimigo no Além representa quase sempre ligações negativas, de forma obsessiva, para o que ficou na Terra sem saber perdoar. A técnica espírita da desobsessão, de libertar o homem das vibrações de ódio e vingança dos inimigos mortos, é precisamente a da reconciliação de ambos nas sessões ou através de orações reconciliadoras. A situação obsessiva é grandemente desfavorável para o que continua vivo na Terra, pois este se esqueceu dos males cometidos e o espírito obsessor, vingativo, lembra-se claramente de tudo. Por isso, as práticas violentas do exorcismo, judeu ou cristão, com ameaças e exprobrações negativas do obsedado, podem levar ao auge o ódio do obsessor. A condição do obsessor no plano espiritual, alimentando o ódio que levou da Terra, é também de responsabilidade do obsedado que não soube perdoar e pedir perdão. Todos os sofrimentos de uma situação de penoso desajuste no pós-morte são produzidos pela dureza de coração do que continuou na Terra ou a ela voltou para o necessário reajuste. Por isso, Jesus advertiu que devemos acertar o passo com o nosso adversário enquanto estamos a caminho com ele. Conhecidos estes princípios de maneira racional, podemos influir no alívio da pesada atmosfera moral que pesa sobre a Terra em momentos como este que estamos vivendo. Não se trata de problemas que devam ser resolvidos por este ou aquele tribunal, humano ou divino. A solução está sempre em nossas mãos, pois foi com elas que praticamos os crimes que agora dardeiam sobre a nossa consciência como os raios de Júpiter. Nos tenebrosos anais da pesquisa psíquica mundial encontramos numerosos casos, descritos em minúcias pelos protagonistas de tragédias dessa espécie. Daí a advertência de Jesus, que parece temerária aos inscientes: "O que xinga o seu irmão de 'raca' está condenado ao fogo do inferno." A palavra 'raca' é uma injúria grandemente ofensiva, mas o castigo parece exagerado. Devemos lembrar que o fogo do inferno não é eterno, como querem os teólogos, mas que a dor da consciência fora da matéria queima como fogo. Tivemos a oportunidade de conviver alguns dias com um assassino que matara seu adversário à faca, pelas costas. Era um homem de formação protestante, que continuava apegado ao Evangelho e se justificava com passagens vingativas da Bíblia, apoiadas por Deus. Repeliu as nossas explicações de que a Bíblia é uma coletânea de livros judeus e nos disse, com assustadora firmeza: "Se ele me aparecesse agora redivivo, eu o mataria de novo." Episódios como esse nos mostram como os sentimentos humanos podem perdurar nos espíritos encarnados ou desencarnados de maneira assustadora. O ódio desse homem não se extinguira com o sangue do inimigo. Nenhuma sombra de remorso transparecia nos seus olhos carregados de ódio e ameaças. Faltava-lhe, porém, o conhecimento das leis morais. Mais tarde, segundo nos disseram, o seu coração se abrandou. Tivera um sonho com o adversário morto, que lhe pedia perdão, em lágrimas, por havê-lo levado ao desespero do crime.

As tragédias desta espécie, em que a vítima geralmente é responsável pelo crime, por motivos de sua intransigência, são em maior número do que supomos. Torna-se bem claro, nesses casos, o processo dialético da evolução humana. Nesse criminoso aparentemente insensível, havia um coração profundamente ferido pela intransigência do adversário. Questões formais de honra, de direitos violados, de prepotência e humilhação torturaram a mente do assassino e o levaram ao crime. Cometido este, decorridos amargos anos de prisão com a família na miséria e enxovalhada pela mancha criminosa, a vítima transformada em carrasco não conseguia perdoar o morto. Os instintos animais, em fermentação na sua afetividade e na sua consciência não lhe permitiam abrir-se para a compreensão da gravidade do seu ato.

Ao mesmo tempo, o assassinado, nos planos espirituais inferiores, remoía o seu ódio e a sua frustração, acusando o assassino de lhe haver tirado a vida. A troca de vibrações mentais entre ambos mantinha-os na mesma luta. Somente a interferência da misericórdia divina conseguira abrir uma fresta de luz na mente do assassinado, para que ele caísse em si e reconhecesse a sua culpabilidade. Para a sociedade terrena, a tragédia terminara nas grades de uma prisão. Mas, para o mundo espiritual ela prosseguia. Na consciência do assassinado a visão da realidade, até então oculta, despertava os instintos espirituais, os anseios de superação das condições animalescas a que se entregara na carne. A educação para a morte teria libertado ambos na própria vida carnal, levando-os à compreensão de que não eram feras em luta na selva, mas criaturas humanas dotadas de potencialidades divinas. Não lhes haviam faltado os socorros espirituais da intuição e do chamado terreno no campo religioso. Um era protestante, e o outro católico, ambos tiveram contato com os evangelhos desde a infância, mas a reação hipnótica dos interesses mundanos os havia imantado fortemente à matéria, fazendo-os esquecer a natureza espiritual da criatura humana. As religiões, por seu lado, imantadas às interpretações dogmáticas, não puderam ampará-los com a explicação racional da situação que enfrentavam. No entanto, há dois mil anos, Jesus já advertira: "Ai de vós, escribas e fariseus hipócritas!"

A CONSCIÊNCIA DA MORTE

TODOS SABEMOS QUE morremos, que a morte é inevitável, mas estamos tão apegados à vida e fazemos uma ideia tão negativa e temerosa da morte, que a rejeitamos em nossa consciência e a transformamos num mito, afastando-a para o fim dos tempos. Mito assustador, ela permanece na distância, envolta em névoas, de maneira que só a vemos como figura trágica de um conto de terror. Heidegger observou que só a aceitamos para os outros, como na expressão aleatória 'morre-se', que nunca se refere a nós. Fascinados pelo fluxo incessante da vida, mergulhados no torvelinho de nossas preocupações do dia a dia, temos a sensação inconsciente e agradável de que ela sempre se distancia de nós. Mesmo quando, conscientemente, pensamos na morte, o fazemos com a ilusão de que ela não chegará tão cedo, pois temos ainda muita coisa a fazer e sentimos que a vida borbulha em torno de nós sem permitir a entrada da morte em nosso meio. Essa é uma forma ingênua de protelarmos a nossa morte, segundo as exigências do instinto de conservação. Assim aliviamos o medo da morte, confiantes no poder da vida.

De nada valem essas pequenas trapaças. A morte chega quando menos a esperamos e não raro nos leva para a outra vida sem nos dar tempo para compreender o que acontece. As pesquisas psíquicas, através de mais de dois séculos, mostram o curioso espetáculo de muitas criaturas mortas que não sabem que morreram. Continuam vivas na matéria por conta de suas próprias ilusões e passam a assombrar sem querer e sem o saber os lugares em que viviam ou frequentavam. É claro que permanecem desajustadas no mundo espiritual.

Para evitar esses e outros inconvenientes, devemos desenvolver em nós a consciência da morte. Sabendo, positivamente, que a morte existe e é inevitável, sendo inútil qualquer ilusão nesse sentido, que só poderá prejudicar-nos. Temos de nos familiarizar com a morte, considerando-a com naturalidade, não a transformando em tragédia ou em espetáculos inúteis de desespero. Nas sessões espíritas, cuida-se muito desses casos, procurando-se despertar os mortos de suas confusões produzidas pelo apego à Terra e integrá-los na nova forma de vida para a qual passaram. Eles não são tratados como 'almas do outro mundo', mas como companheiros da vida terrena que se libertaram do condicionamento animal por retornarem ao seu mundo de origem, que é o espiritual. Os adversários da doutrina criticam esse processo mediúnico, alegando que criaturas ainda encarnadas nada têm para ensinar às que já se livraram do corpo material. Mas, desde as pesquisas de Kardec até aos nossos dias, o processo de doutrinação tem dado os melhores resultados, tanto em favor de espíritos perturbados pela passagem súbita ao plano espiritual, quanto no esclarecimento de pessoas que sofrem as influências dessas entidades. Isso se explica por duas razões fundamentais, que são as seguintes:

1. A doutrinação é a transmissão de ensinos dos desencarnados superiores dados a Kardec, através da mediunidade, para a renovação moral e espiritual da humanidade. Apoiados no conhecimento desses ensinos é que os médiuns e os doutrinadores atendem às entidades desencarnadas.

2. As pesquisas de cientistas eminentes como Richet, Crookes, Zöllner, no século passado, e Geley, Osty, Crawford, Soai, Carrington, Pratt, Price, na atualidade, provaram que nos ambientes mediúnicos, a emanação do ectoplasma ampara os espíritos desencarnados e inseguros no plano espiritual,

dando-lhes a sensação de segurança física necessária para conversarem com os doutrinadores como se estivessem encarnados. A situação dos espíritos recém-desencarnados, no plano espiritual, não lhes permite a lucidez necessária para compreender facilmente os ensinos que recebem das pessoas que dirigem o trabalho mediúnico.

Esse intercâmbio se processa em benefício dos espíritos e dos homens, sem nenhum sistema de evocações e rituais. Os espíritos se manifestam por sua livre vontade, desejosos de comunicar-se, após a morte do corpo físico, com familiares e amigos que deixaram na vida terrena. Essas manifestações naturais marcam toda a história da humanidade, em todo o mundo e em todos os campos, sem nenhuma interrupção. Não são descobertas modernas nem invenções de qualquer investigador, figuram nos livros sagrados de todas as religiões, na cultura de todos os povos e nas grandes obras literárias, filosóficas e científicas das grandes civilizações. Constituem, portanto, uma fenomenologia ao mesmo tempo arcaica e moderna, atualmente comprovada pelas pesquisas tecnológicas, tanto nas áreas espiritualistas como nas materialistas do mundo atual. Não se trata de produtos de crenças ou superstições, mas de uma realidade fenomênica cientificamente provada e comprovada. As interpretações pessoais desses fenômenos, formuladas por clérigos interessados em negá-los ou subordiná-los a processos puramente psicológicos nada representam, são apenas palpites ingênuos ou interesseiros, fartamente negados pelas grandes pesquisas científicas do passado e do presente.

A morte é um fenômeno natural, de natureza biológica, no qual se verifica o esgotamento da vitalidade nos seres pela velhice ou por acidentes fisiológicos. Não atinge a essência do ser, que é sempre de natureza espiritual, referindo-se apenas ao corpo material, o que vale dizer que ela não existe como extinção das formas de ser das plantas, dos animais e dos homens. Falar da morte como na nadificação, como faz Sartre, é simples ilogismo, tanto do ponto de vista puramente racional, quanto do científico. As condições atuais do desenvolvimento científico eliminaram totalmente qualquer possibilidade de sustentação da teoria do nada, esse conceito vazio, como Kant o considerou. Os que insistem na destruição total do homem pela morte revelam ignorância do avanço das ciências em nossos dias. O que se fez neste século na investigação desse problema, direta ou indiretamente, liquidou as últimas esperanças dos que sonharam com a irresponsabilidade do nada, de um Universo inconsequente e sem finalidade. Indiretamente a física revelou as potencialidades ônticas da matéria, em cujas entranhas a eterna dinâmica dos átomos e suas partículas, sendo que estas, mesmo quando livres, tendem sempre a formar estruturas atômicas definidas e plasmas orgânicos. As pesquisas da antimatéria revelaram a mesma tendência nos antiátomos, criadores de espaços novos e antiestruturas materiais. Os vazios espaciais mostraram-se carregados de campos de força que escapam ao nosso sensório, à precariedade dos sistemas de percepção humana, não raro superadas pela percepção animal. E diretamente, o avanço das pesquisas psicológicas, aprofundadas pela parapsicologia, confirmaram a tese do avanço constante do inconsciente para o consciente, de Gustave Geley, confirmando a teoria da evolução criadora de Bergson.

Cientistas soviéticos voltaram, nas pesquisas astronáuticas, a desvendar os mistérios dos sete véus de Isis, como o fizeram M. Vasiliev e Staniukovich, em *Os sete estados do cosmos*. Nas captações e gravações do inaudível por Raudive, na Alemanha e nas pesquisas de Pratt sobre os fenômenos teta (avisos de morte e comunicações de espíritos de pessoas mortas) e nas pesquisas sobre a reencarnação por Ian Stevenson, Vladimir Raikov (este na Universidade de Moscou) e por Bernejee na Universidade de Rajasthan – temos uma constelação imponente de fatos e dados positivos sobre a realidade, hoje inegável, da transitoriedade da morte. Ao mesmo tempo, ante esse panorama de revelações científicas, a morte adquire uma importância gigantesca na construção da gênese moderna. Tornou-se impossível a sustentação lírica das teses materialistas em nossos dias. A necessidade de uma tomada universal de consciência sobre o sentido, o significado e o valor da morte tornou-se imperiosa. É simplesmente inadmissível, neste século, qualquer doutrina que pretenda sustentar por simples argumentos que a morte é o fim e a frustração total dos seres vivos e especialmente da criatura humana. O panorama científico atual exige de todos nós o desenvolvimento da consciência da morte, cuja fatalidade inegável se explica pela necessidade de renovação das estruturas da vida em todos os planos da Natureza. Em consequência, a presença de Deus, como consciência suprema que rege toda a realidade – numa estrutura lógica, teleológica e antiteológica –, firma-se como o imperativo categórico da compreensão do mundo, do homem e da vida. Os teólogos que proclamaram, ante a tragédia nazista, num exíguo espaço-tempo do nosso pequenino planeta, a morte de Deus, mataram a Teologia em que se amamentaram por séculos, praticamente um matricídio vergonhoso e estúpido. Em última instância, suicidaram-se na porta do céu, no momento exato em que este era conquistado pela ciência mundial. Nunca se viu maior fiasco do que esse, que reduz a simples opereta a façanha de Prometeu e a sua morte no Cáucaso. Soou a hora final das igrejas, o instante fatal da falência eclesiástica, transformada em toda parte numa nova morte de Pã. A grande deusa morreu aos nossos olhos, como já havia morrido o deus Pã nos fiordes da Noruega, ante à capitulação dolorosa de Knut Hamsun. As igrejas, universalmente transformadas em supermercados de quinquilharias sagradas, estão agora vendendo os seus saldos de estoques aos missionários que por conta própria invadiram as nações para mascatear, nos submundos da ignorância falsamente ilustrada e do populacho ansioso por um céu de delícias pasmáticas *made in* Bizâncio. Porque Bizâncio foi o fim esquizofrênico do mundo antigo após a queda de Roma e hoje a nova Roma, já também esclerosada, parece destinada a selar o fim do mundo do arbítrio e da violência em que vivemos.

Esse rápido olhar ao passado de tentativas frustradas de implantação do cristianismo na Terra basta para nos mostrar que precisamos desenvolver em nós a consciência da morte, para aprendermos a morrer com decência e dignidade. Se esta civilização apoiada em arsenais atômicos nada mais pode esperar do que a sua própria explosão, que ao menos nos preparemos para morrer de mãos limpas, sem manchas de sangue e de roubo, a fim de podermos voltar nas futuras reencarnações, em condições conscienciais que nos permitam realizar uma nova tentativa de cristianização do planeta. Sem uma tomada de consciência do sentido e do valor da morte, estaremos arriscados a continuar indefinidamente no círculo vicioso das vidas repetitivas e sem sentido. A vida só tem sentido quando serve de preparação para vidas melhores. O destino não é viver como fera, mas viver para transcender-se, numa escalada do Infinito em busca das constelações superiores. Os segredos da morte nos são agora racionalmente acessíveis para podermos aprender a perder a nossa vida para reencontrar o Cristo.

DIALÉTICA DA CONSCIÊNCIA

DEUS NÃO MORREU, mas morreu o papa. Os teólogos agoureiros da morte de Deus também vão morrer, um a um, cada qual com a sua morte individual e intransferível. Paulo VI passou silencioso pelo tumulto do mundo. Fiel à sistemática da Igreja, não inventou reformas nem tentou cercar as reformas audaciosas de João XXIII. Ante à insubordinação do cardeal Lefevre, que ordenou exércitos de novos padres para lutar contra ele, não se atemorizou nem promoveu represálias sagradas. Acusado brutalmente de pecados horríveis quando cardeal de Milão, limitou-se a lamentar o caluniador. Dava a impressão de um Júpiter envelhecido, que não dispunha mais de forças para desfechar os raios da ira mitológica sobre os atrevidos. Dedicou-se à semeadura da paz entre os homens, ofereceu-se como refém nos casos de sequestro e ao invés de ameaçar os incrédulos com o espantalho do diabo, chegou a prestar a mais espantosa homenagem ao anjo rebelado, afirmando: "Quem não acredita no diabo não é cristão". Passou a falar na sua morte próxima, como se preparasse o mundo para aceitá--la como ele a aceitava. Se não conseguiu pacificar os homens, pelo menos manteve a paz da Igreja, desapontando os arruaceiros que tudo faziam para merecer uma maldição. Fez jus ao título de Sua Santidade, que tantos dos seus antecessores ostentaram sem dar mostras de merecimento.

A impressão que se tem, agora que o seu cadáver está diante do mundo como um apelo silencioso à concórdia e ao amor, é a de que ele foi o último papa. O Colégio Cardinalício que deve eleger o novo papa está em dificuldades.[6] Se o Espírito Santo não pousar docemente na cabeça veneranda de um dos candidatos à sua sucessão, não se sabe como os votantes farão a escolha. A barca de Pedro está balançando indecisa sobre as águas, como a arca do dilúvio. Talvez tenha chegado o momento da Igreja, que há muito luta em vão para sair dos recifes teológicos em que encalhou depois da última congregação mundial.

---

6   No momento em que o autor escrevia este capítulo, não havia sido eleito o substituto de Paulo VI. (N.E.)

A consciência não é, como Sartre supôs, um vazio que se enche com dados do mundo. Pelo contrário, a consciência é a garra psíquica do homem, com a qual ele se apodera do mundo para transformá-lo, subjugando-o e adaptando-o às exigências humanas. Desde a selva, esse diálogo se desenvolve através das civilizações. Os dados da consciência antecedem o mundo, provêm das regiões arquetípicas do inconsciente humano, onde se desenvolvem as estranhas florações dos anseios de perfeição, justiça e beleza, que deixaram suas marcas por toda parte, desde as inscrições e os desenhos rudes das cavernas até as obras-primas da escultura grega, das lendas e canções do folclore mais remoto até a pintura italiana e as sinfonias de Beethoven. O vazio que deve ser preenchido é o do mundo, pelos dados subjetivos da consciência. O mundo é criado por Deus no mistério infinitesimal da mônada, essa ideia platônica que encerra em si toda a realidade futura, como, na teologia hebraica, a alma de Arão já continha em si todas as almas futuras. O mundo vazio, sem a presença humana, é apenas a matéria-prima de que a consciência do homem irá servir-se mais tarde para se desenvolver. A criança que nasce desprovida até mesmo das garras, instrumentos defensivos dos animais, traz em si mesma as potencialidades humanas da humanidade em perspectiva. A semente necessita da terra para germinar e desenvolver-se, a mônada necessita da carne e suas formas para atualizar a sua espantosa potencialidade humana e divina. As forças naturais preparam, por milênios incalculáveis, com os elementos dos reinos inferiores, o material flexível e vibrátil que a consciência modelará no tempo, imprimindo-lhe lentamente os moldes secretos dos seus anseios.

As filosofias insipientes apegam-se aos efeitos sensíveis dos processos e esquecem as suas causas. A leviandade humana, essa herança no homem da irresponsabilidade animal, leva os pensadores e os cientistas à formulação de hipóteses e teses absurdas sobre uma realidade que não conhecem. Proliferam as sabedorias vazias, os doutores pontificam nas cátedras e nos púlpitos fazendo afirmações temerárias que só servem para aumentar a insegurança e a angústia do homem nas sociedades formalizadas. Não obstante essa gratuidade aparente, a consciência fermenta as inquietações e aguça a curiosidade, liberando os vetores do espírito no plano das realizações superiores. Até mesmo as pompas assombrosas da morte contribuem para desencadear no homem as suas aspirações de uma visão mais segura e precisa da realidade a que foi lançado como um náufrago na praia de um país estranho.

Nas civilizações mais adiantadas, a pressão dos formalismos socioculturais esmaga as criaturas. Rousseau rompeu as muralhas da Genebra formalista ao tentar a aventura da liberdade humana. Voltaire armou-se da ironia para derrubar as instituições mentirosas. A consciência se definiu como ameaça perigosa nos burgos e nos castelos, inflamando nos homens o amor sacrificial pela castelã desconhecida a que nos pósteros chamariam de liberdade. Sem essa dama solitária e temida o mundo jamais escaparia da barbárie.

A dialética da consciência se constitui da tese da realidade imediata em confronto, estática e poderosa em sua estruturação social, com a antítese da utopia, que lança Dom Quixote contra os moinhos de vento nas charnecas da Mancha. Sancho é o contrapeso que abrandará os seus excessos na busca de Dulcinéia. O desafio da Terra leva os homens aos sonhos e aos delírios. E apesar de todas as condenações da sociedade acomodada e estática, Quixote avança impávido, transfigurado pelo amor, na conquista do seu ideal. Ainda hoje os homens se matam, galopando em seus roncinantes de aço, contra todos os poderes da sociedade real, armada de explosivos atômicos, para salvar a castelã oprimida no castelo. Os interesses bastardos parecem haver asfixiado todas as esperanças humanas. Mas os anseios da consciência, que brotam das profundezas da alma humana, não cessam de sacudir e minar as estruturas do presente com os sonhos do futuro. Nada detém nem pode deter as forças secretas da consciência, vetores imponderáveis que transfiguram a realidade material do mundo. O apego humano à realidade concreta decorre naturalmente do condicionamento animal da espécie, que, por sua vez, provém da unidade do cosmos, da totalidade do real, que só se fragmenta na percepção sensorial. As pesquisas astronáuticas confirmaram essa unidade já percebida pelos gregos e confirmada rigorosamente pelo desenvolvimento atual da física, da biologia e da psicologia. Os especuladores filosóficos do pluralismo se perdem nas discussões bizantinas sobre uma realidade caótica jamais comprovada. A multiplicidade que visualizam à distância na infinitude cósmica ou na variedade microscópica se resolve naturalmente na compreensão da natureza orgânica da realidade una. Quando passamos do politeísmo ao monismo, o fazemos pelo simples motivo de havermos superado a ilusão sensorial da multiplicidade. Kardec resolveu esse problema através do encadeamento natural das coisas e dos seres, com este princípio gestáltico: "Tudo se encadeia no Universo". Esse encadeamento é o próprio fundamento da ordem universal, sem a qual não haveria lógica na realidade e o conhecimento e a ciência se tornariam impossíveis. Cassirer lembra que a fé, na ordem universal, equivale, na ciência, à fé religiosa no Deus único. Ambas não podem ser provadas por nenhuma pesquisa, mas se impõem a nós por necessidade lógica. Atualmente, com o acelerado desenvolvimento das pesquisas parapsicológicas, não há como negar a superação do sensório psicofisiológico pela percepção extrassensorial da mente, que penetra em todas as dimensões do real comprovando e justificando as espantosas intuições dos gregos na Antiguidade.

A concepção monista do Universo corresponde à concepção monoteísta. Deus é uno porque é consciência cósmica, não em figura humana, mas num dinamismo consciencial abrangente, que tudo envolve, de maneira que ao mesmo tempo supera a realidade universal e nela se entranha. Por isso, como queria Flammarion, Deus está na Natureza e é Natureza. Não obstante, o fato de ser natureza não obriga Deus à materialidade. A diferença entre Deus e a Natureza é qualitativa, sua qualidade consciencial o distingue da qualidade material da Natureza. Espinosa colocou bem esse problema em sua teoria da Natureza *Naturata* e da *Natura Naturans*, correspondentes aos princípios platônicos de sensível e inteligível. Mas isso não implica uma divisão da natureza de Deus, que é una. Como em Platão, a Natureza ideal de Deus reflete-se no Universo como projeção criadora. Isso nos leva à teoria do clã criador em Bergson, esse impulso vital que penetra nas entranhas da matéria para produzir a vida. E nos leva também à teoria estética de Hegel, em que o belo se infiltra e se desenvolve na criação artística, desde as formas primitivas e monstruosas da arte até o equilíbrio harmonioso da arte clássica.

É evidente a relação de todos esses pensamentos com o problema da morte, em que a vida anima os corpos materiais e os leva a toda a perfectibilidade possível, como queria Kant, para depois reverter os elementos vitais, com a morte, a novas experiências criadoras. Sobre as teorias de Platão e Aristóteles, Tomás de Aquino e Santo Agostinho forjaram as bases da teologia cristã, amesquinhando o pensamento grego e desfigurando os princípios do Cristo na retorta dos dogmas sincréticos tirados de modelos pagãos. Dessas tentativas atrevidas, surgiram as religiões do medo e da morte, que levaram a civilização terrena à aberração do materialismo.

O estudo de um tema como o da educação para a morte exige incursões difíceis no pensamento antigo, moderno e contemporâneo, para o estabelecimento das conexões orientadoras. Não se pode entrar no labirinto sem o fio de Ariadne nas mãos, pois o Minotauro pode estar à nossa espera. Numa fase de transição cultural como a deste século o problema da morte exige de todos nós um esforço mental muitas vezes atordoante. Mas temos de fazer esse esforço, para que a vida não fracasse em nós. A vida nunca fracassa em si mesma, pois o clã vital nunca se enfraquece, mas pode fracassar em nós. "Os que se apegam 'à sua vida'", como ensinou o Cristo, "a perderão, mas os que a perdem, por amor de mim, a reencontrarão em abundância." Quem impede o fluxo da vida suicida-se na barreira do seu egoísmo e volta ao círculo vicioso das reencarnações repetitivas. Esse é o castigo que o espírito preguiçoso se impõe a si mesmo.

ESPIAS E BATEDORES

A SONDAGEM DA morte pelos vivos vem da mais remota Antiguidade. Através das manifestações da paranormalidade espontânea ou provocada, videntes e profetas, místicos cristãos, sutis maometanos, pitonisas gregas, hebraicas e romanas, magos babilônicos, xamãs das regiões árticas, feiticeiros africanos, pajés dos trópicos e assim por diante empenharam-se na espionagem possível da morte. Já que todos morremos, é natural o interesse dos vivos pelo que os espera no reverso da vida. Os espias da morte sempre se mostraram misteriosos e sofisticados, servindo-se de atitudes e práticas que os distinguiam do comum dos homens. E como as faculdades paranormais estão sujeitas às variações do humor orgânico, surgiram entre eles os espertalhões egípcios, sumerianos, árabes e chineses, cultivadores de malabarismos e trapaças, encantadores de serpentes e evocadores de espíritos por meios pitônicos. Toda essa farândula de escamoteadores levou os videntes e profetas autênticos ao descrédito. As ciências em desenvolvimento repeliram em nome da razão essa turba de delirantes profissionais e as religiões amaldiçoaram os que não exerciam essas funções em recintos sagrados, onde fazia-se exclusivamente milagres dessa espécie.

Dante Alighieri reergueu o prestígio dos videntes com as revelações espantosas de sua espionagem secreta (pois poeta é profeta) e pelas mãos de Beatriz percorreu os caminhos da deusa Hécate, espécie de inspetora dos reinos celestes e infernais, e ofereceu ao mundo a versão católica medieval das regiões de luz e sombra. Aumentou nas Igrejas a espionagem do Além, e Shakespeare levou para os palcos suas geniais encenações de fantasmas vingativos. Já entre os gregos haviam ocorrido coisas semelhantes, e na Guerra de Troia as vidências proféticas de Cassandra semearam o terror das profecias nefastas. Vem de longe o prestígio e o temor dos agouros excitando os dons paranormais legítimos e incentivando as trapaças dos aventureiros. Nessa situação multimilenar de ambivalência temos a maior prova da naturalidade e permanente ocorrência desses fenômenos, e ao mesmo tempo a prova da sua

normalidade, como manifestações inerentes à própria natureza humana. A designação científica de paranormal para esse tipo de manifestações revela o excessivo escrúpulo das ciências em relação aos problemas que ameaçam os seus esquemas rígidos de uma realidade que ainda está longe de abranger na sua totalidade. No tocante apenas ao homem, à natureza humana, os trabalhos de cientistas eminentes como Richet, Crookes, Lodge, Zöllner e tantos outros causaram estupefação e provocaram reações brutais no meio científico, o que mostra uma mentalidade fechada e pré-científica. O caso da parapsicologia é outra prova, e essa recente, da aversão da maioria dos cientistas pelas novas descobertas. Mas essa mentalidade, que Remy Chauvin chamou de alergia ao futuro, já não está podendo resistir ao impacto dos tempos atuais. Não obstante o misoneísmo das academias e outras instituições do gênero, as ciências avançaram com tal rapidez neste século, que não poderá mais deter a sua marcha. As exigências tecnológicas e até mesmo o aumento populacional e as exigências bélicas empurram as ciências além de seus estreitos sistemas, forçando-
-as a perseguir objetivos reais.

No século passado, o sábio Swedenborg, médium vidente e ectoplásmico, almoçando com o filósofo Kant na Alemanha, viu e descreveu-lhe o incêndio de sua própria casa em Estocolmo. Kant duvidou da veracidade do fato, que podia ser simples produto de alucinação. A notícia probante custou a chegar à Alemanha, mas acabou chegando com os pormenores descritos por Swedenborg. Kant estabelecia a mais rígida linha demarcatória para os limites da ciência, afirmando o princípio da impossibilidade da ciência além da matéria. Nem mesmo esse fato espantoso, por ele testemunhado, demoveu-o de sua restrição arbitrária. E isso se passava com um homem como Kant. Lombroso acusava Richet, em veementes artigos na imprensa de devolver a ciência à superstição, com suas pesquisas de metapsíquica, e só compreendeu o seu erro depois que sua mãe se materializou em sessão com Eusápia Paladino e ele pôde tomá-la em seus braços. Rhine foi acusado de fraude em seu controle estatístico das experiências parapsicológicas e teve de recorrer a dois congressos científicos para provar, através de exames das comissões competentes, que os controles estavam certos. Para negar os trabalhos de Crookes, inventaram que ele se apaixonara pela médium Florence Cook, pois fizera um poema em louvor à beleza de Katie King, o espírito que se materializava em suas sessões experimentais. Todos seus fatos, e muitos outros, revelam o baixo nível de uma mentalidade pseudocientífica, ainda imersa em tricas e futricas das fases escolares. Por isso, declarou Kardec que os homens mais eminentes do planeta revelam às vezes uma leviandade que nos espanta, no trato dos mais graves problemas. Os títulos acadêmicos e as cátedras absolutistas fazem subir a mosca azul à cabeça dos doutores que se julgam muito seguros em sua sabedoria, como se tivessem nas mãos todos os segredos da vida e da morte. Foram homens desse tipo universitário padronizado dominados pelo fetichismo dos sistemas e das regras inadiáveis, como os clérigos aos seus dogmas, que tentaram e tentam, até hoje, esmagar aos pés,como baratas indefesas, as mais fecundas conquistas de cientistas independentes. Felizmente, a ciência não está subordinada a essas igrejinhas obstinadas, e grandes figuras do panorama científico tiveram a coragem moral de enfrentá-los em defesa da verdade.

Os videntes e os médiuns sinceros, embora ultrajados, perseguidos, ridicularizados, muitas vezes presos e condenados, nunca se atemorizaram diante desses 'sabichões' (como Richet os chamou) e por toda parte antecipara as conquistas científicas com suas previsões. Tornaram-se os espias dos reinos proibidos e foram secundados pelos batedores atrevidos que não só espionaram de longe os mistérios ocultos, mas também penetraram nesses reinos para trazer ao nosso mundo obscuro, não o fogo do céu roubado por Prometeu, mas as luzes da vida inextinguível que continuam acesas além das lápides dos cemitérios. Esses batedores audaciosos não temeram desprender-se dos corpos mortais sem morrer, para invadir os reinos proibidos. Kardec, na sua extrema prudência de homem de ciências, não aprovou essas aventuras, mas reconheceu o valor das que eram legítimas. Preferiu os métodos frios da pesquisa objetiva, aquecendo-os com o calor do amor pela humanidade, e criou os métodos específicos da pesquisa espírita, adequados ao objeto da nova ciência. Através deles, antecipou as descobertas tecnológicas de hoje, como a natureza extrafísica do pensamento e da mente, a constituição plásmica do corpo espiritual, os meios de comunicação com o mundo invisível, a pluralidade dos mundos habitados, a natureza cósmica e não apenas planetária da humanidade, a possibilidade da ação da mente sobre a matéria e da comunicação com os espíritos de criaturas mortas, das aparições intangíveis e também das aparições tangíveis dos espíritos, a necessidade evolutiva das reencarnações e assim por diante. O problema do ectoplasma até hoje aturde os sábios de sabedoria escassa. Ainda há pouco, um desses sábios declarou à imprensa que os fenômenos de materialização de espíritos é hoje teoricamente possível, mas na prática é impossível, pois para se produzir a materialização de uma criatura humana mediana precisaríamos de duzentos anos de produção de energia. Kardec já havia respondido a essa objeção há mais de um século, quando explicou que a materialização não é um fenômeno físico, mas fisiológico. Ninguém pode produzir um fenômeno de materialização, mesmo com a produção de energia elétrica durante um milênio, se não dispuser do plasma específico, emanado do corpo espiritual de um médium. O plasma físico, quarto estado da matéria, já descoberto por Crookes como matéria radiante, foi agora redescoberto pelos cientistas materialistas da Universidade de Kirov, na URSS, e seus efeitos demonstrados em experiências sucessivas.

Faltou às ciências do planeta a humildade necessária para compreenderem que, até agora, só se haviam preocupado com o aspecto sensível da Natureza (em termos platônicos), esquecendo-se do aspecto inteligível ou espiritual. Toda a realidade se constitui de espírito e matéria, e o espírito é o elemento estruturador da matéria. Esse é o nó górdio que as ciências do mundo não puderam desatar, preferindo cortá-lo como o fez Alexandre, sem perceberem que nesse corte confessavam a sua potência e caíam no abismo inexplicável da morte. A ciência espírita desatou pacientemente os nós e por isso avançou muito além da ilusória sabedoria dos sábios terrenos. Isso não quer dizer que os espíritas tenham sido mais atilados, mas apenas que a humildade e a sensatez de Kardec os livraram de cair no mesmo alçapão. Como já compreendera

Bacon, a ciência é um ato de obediência a Deus. O cientista pode não acreditar em Deus, mas se não obedecer às suas leis – que estruturam toda a realidade – nada poderá fazer. Ele começa por estudar as leis de cada campo da Natureza em que pretende agir, e se não conhecê-las com precisão e não obedecê-las com rigor, jamais atingirá os seus objetivos. Repelir as manifestações paranormais, que sempre, em todas as latitudes da Terra e em todos os tempos se fizeram presentes e atuantes, pelo pressuposto anticientífico de que não passam de superstições populares, é dar prova de falta de senso e de pretensão orgulhosa. Negar a existência de um poder criador e ordenador do cosmos é negar a evidência. O pecado das ciências materialistas não é o da desobediência, pois elas não podem desobedecer a Deus, mas o estúpido pecado do orgulho arrogante. Na hora individual da morte de cada um, todos se curvam para o chão em obediência a Deus. Não há ciência sem obediência. Essa é a lei básica de todo o desenvolvimento cultural. Não é sensato nem científico negar a realidade em que estamos entranhados, na qual vivemos e da qual não podemos escapar. A cultura materialista não provém do conhecimento, mas do equívoco. E a finalidade da ciência nada mais é que desfazer os equívocos para chegar à verdade. As bravatas dos astronautas materialistas que deram voltas na órbita da Terra e, não encontrando Deus, chegaram à conclusão de que ele não existe não passam de infantilidade. Isso prova que o materialismo leva ao infantilismo cultural. De outro lado encontramos o infantilismo das religiões dogmáticas e formalistas, que aceitam a existência de Deus em forma humana, fazem da criatura humana um Chapeuzinho Vermelho na estrada do bosque e nos assustam com a imagem do diabo em forma de Lobo Mau.

Os espias e os batedores da morte desfizeram as lendas ingênuas que nos encantam na infância, mas ao mesmo tempo nos mostraram que elas correspondem a símbolos oníricos de realidades que devemos identificar ao amanhecermos como homens.

OS AMANTES DA MORTE

A TEORIA PSICOFISIOLÓGICA de que a dor é o exagero do prazer tem a sua confirmação social na existência universal das comunidades de amantes da morte. Desde todos os tempos, essas comunidades se desenvolvem no seio ambivalente das religiões, onde se nutrem de desesperos e angústias, sacrifícios, autoflagelações, cilícios, conformismo piedoso, torturando-se para as delícias do Paraíso. A ambivalência dessa situação é evidente. Desejam e temem o prazer na Terra, onde tudo passa depressa, e escapam do impasse pela porta das promessas divinas que lhes oferecem o prazer eterno. Jogam na loteria do além a fortuna da saúde e as moedas douradas da alegria, cobrindo-se de cinzas e farrapos, como faziam os judeus antigos, ou mergulhando na sujeira, no desinteresse pela comodidade e limpeza, como faziam os frades penitentes para morrerem em 'cheiro de santidade'. O fedor da sujeira garantiria a participação nos banquetes da Eternidade. Os frades dos conventos isolados dos desertos permaneciam analfabetos para não caírem nas armadilhas do diabo, cheias de petiscos intelectuais perigosos. As mais perigosas dessas privações sagradas eram benéficas, pois, trocando os prazeres carnais pelos prazeres ideais do outro mundo, desencadeavam nas criaturas ingênuas os delírios do misticismo lúbrico, evitados pelos espíritos de íncubos e súcubos, ativíssimos na Idade Média. Deus entregava os seus servos interesseiros e egoístas às tentações fatais desses demônios insaciáveis. Mas a lição não produziu efeitos, a não ser o dos expedientes da hipocrisia, com que os mais espertos conseguiam passar por santos prematuros, cujos deslizes ocasionais eram cobertos piedosamente por taxas escusas de indulgência. Até mesmo o apóstolo Paulo, vibrante e culto, mas arcado ao peso do remorso pelas perseguições aos cristãos e pela lapidação de Estevão recomendava aos cristãos que não se casassem e aos casados que não praticassem relações sexuais. Mas bem cedo teve de recriminar os santos da Igreja de Corinto, que se tornavam piores do que os pecadores pagãos. Como ainda não havia pílulas anticoncepcionais, cresciam os chifres do diabo nas comunidades dos santos e algumas santas apareciam engravidadas.

O culto da nudez, como estado de graça proveniente do Éden, ainda nos tempos medievais precisou ser reprimido por medidas enérgicas. Até hoje, perduram no mundo cristão os resíduos desses tempos, em que os servos de Deus desobedeciam a lei bíblica do 'multiplicai-vos', que não trazia nenhuma recomendação matrimonial, como se vê na Bíblia.

Os amantes da morte foram sempre muito práticos no trato da vida. O celibato de padres e freiras foi sempre furado por medidas de exceção e até mesmo pela criação de taxas especiais de licença, como no caso referido por Aldous Huxley em *Os demônios de Ludan*. No esforço para sufocar a vida em favor da morte das igrejas sempre fracassaram e fracassarão a menos que Deus permita a produção em massa da nova bomba de nêutrons, para poupar--se do terrorismo de um novo dilúvio.

Jesus não violou as leis naturais criadas por Deus, aumentou o vinho que alegrava as bodas de Caná, livrou a mulher adúltera da sanha feroz de seus lapidadores, não escolheu celibatários para seus discípulos, aceitou Pedro com a família como seu apóstolo, recebeu Madalena como discípula e foi a ela que apareceu na ressurreição. Apesar de tudo isso, o fermento velho dos rabinos do templo ainda hoje leveda massas impuras no meio cristão. O espiritismo não se organizou em igreja para evitar os prejuízos dessa hipocrisia contrária à lei de amor do Evangelho. Mesmo assim, aparecem, ainda agora, no meio espírita, os pregadores da santidade hipócrita. São pregadores angélicos que semeiam essas ideias na ingenuidade pretensiosa das massas espíritas, talvez interessados nos chifres do diabo ou no restabelecimento dos costumes de Sodoma, tão fartamente restabelecidos em nosso tempo. É inacreditável que isso possa acontecer no meio espírita, contrariando os princípios racionais e científicos da doutrina. Mas tudo pode acontecer num período de transição como este que estamos vivendo. Espíritas dizendo-se abstêmios, de mãos postas e olhos voltados para o além, tentando negar sua condição humana para alcançar o céu, é o que de mais ridículo e absurdo se possa imaginar. As funções normais da espécie não podem ser suprimidas num organismo humano sem causar desequilíbrios perigosos. A função sexual não tem por objeto o gosto sensual, mas a reprodução da espécie. Não obstante, o prazer sexual natural, na ligação normal e afetiva de duas criaturas que se amam é também importante elemento de equilíbrio orgânico, psicofísico. A condenação do sexo é estúpida manifestação da hipocrisia. Os que tentam agora introduzi-la no meio espírita só podem ser indivíduos frustrados ou lamentavelmente desviados de suas funções normais. Esses indivíduos servem aos desequilíbrios dos espíritos vampirescos que se banqueteiam nos vícios inconfessáveis de criaturas humanas por eles subjugadas.

Tivemos a oportunidade de ver e ouvir, num programa de televisão, em que falavam representantes de várias religiões, um representante de uma casa espírita declarar que precisamos sofrer intensamente na Terra para chegarmos aos planos espirituais superiores. Era um amante da morte, e respondendo à pergunta do apresentador: "Como o senhor deseja passar para o outro lado?", disse: "Definhando bem lentamente no leito." As palavras foram acompanhadas de uma gesticulação padresca e uma expressão fisionômica de delírio imbecil. Uma triste amostra de falta de conhecimento espírita e de tendência masoquista delirante. Aquele pobre homem aprendera espiritismo às avessas e sonhava com a morte pelo definhamento, como se agradasse a Deus a tortura diabólica de uma morte nessa condição de miserabilidade total. Que Deus seria esse, algum Moloc acostumado a alimentar--se de crianças vivas assadas em suas brasas? E que imagem da doutrina esse homem apresentava aos telespectadores? Seria um dos anjos da casa por ele representada que lhe sugerira essa demonstração de mentalidade masoquista?

Nem mesmo um frade trapista, em cheiro de santidade, trazido como múmia egípcia da era faraônica, faria com tanta perfeição a mais deturpada e triste figura de um masoquista delirante. O pobre homem parecia saborear, em êxtase, as delícias do seu definhamento no leito à espera do Paraíso. O masoquista é um esquizofrênico de sensibilidade invertida. A esquizofrenia o afasta da realidade imediata e o envolve no delírio dos prazeres futuros que ele transforma em satisfações subjetivas no processo das transposições alienantes. Naquele breve instante, na televisão, sob as luzes das lâmpadas atordoantes, o pobre homem sentia-se definhar diante das câmeras e do mundo, na plenitude dos gozos da morte lenta, inversões espasmódicas de sensações ancestrais arquivadas no mundo mágico do inconsciente. Era doloroso vê-lo assim, naquela bem-aventurança da frustração.

A dor, o sofrimento e a morte não têm, na concepção espírita, esse sentido delirante que ele lhes dava. Pelo contrário, tudo no espiritismo se define como articulações do processo único e universal da evolução. E esta não é milagrosa ou sobrenatural, pois é o desenvolvimento das potencialidades das coisas e dos seres no desenrolar histórico, no plano temporal, como no caso da razão em Hegel. Tudo é teleológico, tem uma finalidade que se entrosa na engrenagem espantosa da teleologia universal. A dor – dizia Léon Denis – é lei de equilíbrio e educação. Nessa concepção, não há lugar para a dor punitiva, castigo divino ou maldição. A dor é efeito intrínseco das atividades evolutivas, como o prazer. Por isso dor e prazer são verso e reverso de determinada ação do ser na existência.

Da mesma maneira, a morte, sendo o limite extremo do processo existencial, liga-se a todo o processo vivencial do desenvolvimento humano. A lei de unidade encadeia a realidade na direção única do ser, do que resulta que o espírito, na sua expressão humana superior, reflete a unidade total do cosmos em sua unidade ôntica. Deus cria e sustenta o real, mas os seres trabalham a si mesmos e aos outros na facticidade de cada um e de todos. O cosmos é a colmeia geral em que cada abelha tem à sua missão a tarefa vital e espiritual específica e entrosada no programa da espécie ou da raça. A consciência traz em si o esquema geral do sistema, desde o esboço inconsciente dos planos inferiores até o desenho nítido e cada vez mais vivo dos planos superpostos, entrosados e interpenetrados, segundo a visão das hipóstases de Plotino. Por isso podemos abranger, em nosso microcosmos individual, como ideia geral imanente em nós, toda a complexidade infinita do sistema. Dessa maneira, somos também responsáveis pela criação e sofremos as consequências de nossas atividades conscienciais, vitais e existenciais, bem como materiais, sem que nenhuma autoridade externa nos condene ou nos aprove. Assim compreendida a realidade, podemos também compreender a total liberdade do ser como decorrência natural de sua responsabilidade total. Somos aquilo que fazemos em nós e por nós no lugar que nos compete.

A morte marca o limite da tarefa que nos foi confiada e nos transfere para o plano de avaliação de nós mesmos e do que fizemos. O renascimento resulta desse balanço final de uma existência e nos prepara para a seguinte. Os méritos e deméritos de tudo quanto fizermos é exclusivamente nosso, pois o objetivo do 'todo' é a formação de todos e de cada um para as atividades futuras no desenvolvimento de toda a 'perfectibilidade possível' em tudo, em todos e no 'todo'.

As preparações religiosas para a morte e os sacramentos extremos não oferecem ao homem os dados necessários à compreensão de todo esse processo. Simplesmente reforçam no espírito do moribundo as vagas esperanças do perdão e as terríveis ameaças do castigo. Os familiares podem orar pelos que partiram, mas nunca sabem para onde partiram e o que realmente acontece nessa viagem misteriosa. A educação para a morte é um curso de bem viver para bem morrer, com plena consciência do sentido e da significação da morte e de sua importância para a vida. Os amantes da morte não a conhecem, como não conhecem os mortos, dos quais só veem os cadáveres. A espiritualidade atual do mundo é uma 'a-espiritualidade', como a definiu Kierkegaard. Se não tratarmos da educação para a morte não sairemos do círculo vicioso em que entramos sem ter vivido.

OS VOLUNTÁRIOS DA MORTE

A TENDÊNCIA AO suicídio caracteriza os candidatos ao voluntariado da morte. A necrofilia é um componente natural do psiquismo de todos os seres vivos. A teoria, antiga e atual, da existência de povos necrófilos, como os egípcios e os japoneses, por exemplo, é discriminativa e exagerada. Mas não há dúvida de que a necrofilia, como todas as variantes psicoafetivas, acentua-se mais em alguns povos, em razão de concepções religiosas, tradições de honra, condicionamentos culturais e morais, heranças tribais sobreviventes e até mesmo condições mesológicas, como nas regiões sujeitas a catástrofes geológicas periódicas. A verdade é que em todos os povos, como o revelam as estatísticas do suicídio em todo o mundo, as ocorrências dessa natureza se verificam com alternativas de crescimento e diminuição. É evidente a existência de uma repercussão social do suicídio, em nosso tempo mais acentuada pela divulgação mais intensa através dos meios de comunicação. A teoria parapsicológica de Jung, sobre as coincidências significativas, sugere a presença de uma forma de contágio mental-afetivo nos meios sociais. Seja como for, a existência do suicídio no reino animal, como elemento ligado à própria reprodução da espécie – como nas aranhas, escorpiões e abelhas –, prova que a tendência ao suicídio existe em todos nós e pode ser intensificada não só por fatores individuais, mas também por fatores de ordem exterior. A concepção antropomórfica de Deus levou as religiões a considerarem geralmente o suicídio como um ato de rebeldia e desobediência a Deus. Disso resultaram as condenações assustadoras das religiões que negam o socorro dos sacramentos à alma do suicida. Essa também é uma manifestação da necrofilia nas religiões, que negam amparo e ajuda precisamente aos seres mais necessitados, procurando matar a própria alma do suicida, numa exasperação sádica do instinto de morte. Embora essa medida seja geralmente tomada no sentido de repressão ao suicídio, a impiedade é chocante para com as vítimas do suicídio e para as suas famílias, que se sentem impedidas de dar ao suicida o menor consolo. Essa medida extrema, como todas as dessa ordem, servem apenas para exasperar o instinto de morte nos meios atingidos pela desgraça. Do ponto de vista da ciência, da parapsicologia e do espiritismo, o suicídio, que interrompe de maneira brusca o processo vital, causa transtornos graves a quem o pratica. A mente se conturba já antes da prática do ato criminoso – pois o suicídio é um autoassassínio, não raro longamente meditado. Seja dessa natureza ou determinado por condições patológicas, loucura ou decepções violentas, é sempre uma interrupção brusca do curso vital de uma existência necessária. Esse corte violento de todas as possibilidades em curso produz um choque reversivo na estrutura psicomental-afetiva do suicida, levando-o a um estado de confusão e angústia que pode durar longo tempo. Deus não castiga o suicida, é ele mesmo, o suicida, que se castiga no próprio ato de suicidar-se. Negar socorro religioso a um espírito nessas condições é uma impiedade, é abandonar a si mesmo o espírito desequilibrado. Pensar no suicida como num condenado eterno é aumentar a sua angústia e o seu desespero, colocando-nos na posição de torturadores cruéis. Além disso, há suicídios que se justificam, como no caso de imolação voluntária para salvar outras pessoas. Essa intenção, se for justa e real, e não apenas fantasiosa ou criada por precipitações, abranda o chamado 'martírio dos suicidas', tão insistentemente divulgado no meio espírita com a finalidade de evitar esses atos. Cada pensamento, cada palavra, cada gesto nosso tem suas repercussões inevitáveis no curso existencial. As leis naturais, que tanto são materiais como espirituais, não podem ser violadas sem que essa violação nos acarretem as consequências do abuso. A ordem universal, instituída em todo o Universo, não se comprova apenas na vida carnal, mas em todos os planos existenciais. Não se deve temer no suicídio o suposto castigo de Deus, mas as consequências naturais do ato de violação de um processo vital. Temos de compreender a dinâmica da Natureza, tanto para viver como para morrer. Temos de inteirar-nos do aspecto racional da realidade em que vivemos e morremos, para escaparmos à ilusão do antropomorfismo religioso, carregado de misticismo e de medo, que nos faz ver nos processos naturais a mão oculta de um Deus que não usa as mãos mas o seu poder mental para nos levar ao conhecimento de nós mesmos, de nossos deveres e compromissos espirituais. Só assim poderemos racionalizar a nossa vida de maneira espontânea e clara, evitando os caminhos tortuosos de crenças e descrenças antigas. O ato de crer é emotivo e antecede à razão. A fé nascida da crença é sugestiva e portanto emocional. Pode levar nos à paixão e ao fanatismo, gerando os monstros sagrados dos torturadores e assassinos a serviço de Deus. Só a razão, firmada em experiências objetivas e em princípios lógicos pode nos dar a fé verdadeira que nos permite dizer, como Denis Bradley: "Eu não creio, eu sei." O saber é superior ao crer, pois é uma conquista da experiência individual no trato direto com os fatos reais. O voluntariado da morte não cresce nas searas positivas do saber, mas nos campos fantasiosos da ilusão. Quando a razão periclita e desfalece ao impacto das emoções tumultuadas, nos embates do mundo, podemos perder os freios da razão e entregar-nos ao desespero. Nesse caso a razão só poderá restabelecer o seu controle se for socorrida pela vontade amadurecida no tempo.

Acusa-se a razão de frieza e insensibilidade, mas a razão possui o calor do entusiasmo e a sensibilidade da justiça sem vendas nos olhos. A visão clara, precisa e serena da realidade, pode explodir na razão em surtos de indignação contra os deturpadores da verdade. Podemos aferir esse fato nas páginas do Evangelho, nas passagens decisivas em que o Cristo desferiu os raios da sua indignação contra a hipocrisia e a astúcia interesseira dos fariseus. Os que amam a verdade não podem tolerar a mentira nem acumpliciar-se com os exploradores da mentira.

A morte não é uma porta de escape para os pusilânimes, mas a catapulta da transcendência para os bravos que enfrentaram as batalhas da vida sem se acovardarem. Ninguém é obrigado a amadurecer antes do tempo, mas os que já estão maduros não podem regredir sem trair a si mesmos e à verdade.

Se existem as atenuantes do suicídio, como já vimos, a verdade é que elas são mais rigorosas do que as exigências da vida. Isso porque a programação de cada vida se inclui no processo da evolução geral do planeta. Temos as nossas obrigações a cumprir na encarnação, não somente em nosso benefício, mas também a favor dos que foram designados para participar das nossas lutas. Não podemos pensar no suicida que escapou aos seus deveres, sem nos lembramos também dos que ficaram abandonados a si mesmos ante à fuga e deserção, do que engolfou-se no seu egoísmo, como se não tivesse com eles nenhum compromisso. Por essas razões coletivas, e não por motivos particulares, nem pelo pressuposto absurdo da ira de Deus é que o crime da fuga se transforma em traição que pesará fatalmente na consciência culpada. O voluntariado da morte não é desastroso por ser da morte – pois todos morremos – mas por ser a legião dos traidores da vida e dos que ficaram vivos na Terra.

Os batalhões de voluntários da morte são sempre seguidos, em todo o mundo, pelo cortejo dos frustrados da vida. É um cortejo esfarrapado, esquálido, formado pelos milhões de crianças natimortas ou que não conseguiram sobreviver ao nascimento mais do que alguns dias. Pode-se deduzir, da lei de causa e efeito, que esses bandos anônimos, procedentes em geral dos subúrbios miseráveis das ricas metrópoles, constituem-se de ex-voluntários que voltam à encarnação ansiosos de retomar as oportunidades de realizações que desprezaram no ato do suicídio. Numa reunião mediúnica de que participávamos, manifestou-se um espírito que, a princípio, parecia um brincalhão. Reclamava de o haverem convencido, no plano espiritual, a reencarnar-se para aliviar na vida terrena a consciência pesada. E explicava: "Aceitei a proposta, submeti-me a todos os preparativos, suportei pacientemente os pesados meses de uma gestação em que eu e minha nova mãe passamos momentos difíceis. Por fim, nasci, mas não tive a possibilidade de sentir o gosto da vida nova. Morri e voltei imediatamente para o mundo espiritual. De que me ser viu todo esse sacrifício? Quero que vocês me expliquem, pois aqui não tenho possibilidade de conversar com alguém que entenda do assunto. Aí na Terra vivemos de cambulhada, mas aqui a situação é diferente, cada qual tem de se ajeitar no meio que lhe é próprio." Nesse momento o médium tomou uma posição estática, parecia caído em êxtase. Logo mais voltou à naturalidade e disse: "O cara que me fez passar por essa, chegou e está me explicando que ganhei tempo. Passei por tudo isso para aliviar minha consciência do remorso do suicídio. Já me sinto mais aliviado."

Esta história real levanta uma ponta do véu que oculta aos nossos olhos o mistério das mortes prematuras. Não existe acaso nos processos da natureza. Existem leis. Pelos dados fornecidos pelo espírito frustrado foi relativamente fácil comprovarmos a realidade dos fatos. Nenhum dos participantes da reunião conhecia nenhuma das pessoas vivas relacionadas com o caso, mas os fatos-chave do suicídio e do nascimento frustrado foram comprovados. Nos anais das Sociedades de Pesquisas Psíquicas da Europa e da América há numerosos registros de casos dessa natureza. Todas as interpretações teóricas contrárias à teoria espírita parecem arranjos mal costurados, ante à evidência e a coerência das provas obtidas.

Há pessoas que não aceitam esses fatos mediúnicos alegando que tudo neles se passa de maneira muito semelhante aos fatos da vida terrena. Não percebem que estão condicionadas pelas fantasias do maravilhoso oferecidas pelas religiões de que já se desligaram, sem abandonar o seus fardos. A ideia de que o morto é uma alma do outro mundo, transformou-se numa entidade mitológica, continua a funcionar no inconsciente dessas criaturas que são contraditórias sem o perceber. Os reflexos mentais condicionados exigem maravilhas dos pobres mortos humanos que continuam humanos, por não terem conseguido ainda alcançar os planos da angelitude. Os espíritos humanos são almas humanas, que animaram corpos humanos na Terra. Quando os espíritos se apresentam de maneira mirabolante não merecem o crédito dos estudiosos do assunto, mas conseguem facilmente encantar e fascinar os amantes do maravilhoso. Essa, como assinalou Kardec desde meados do século 19, é a maior dificuldade para a aceitação da realidade espiritual.

PSICOLOGIA DA MORTE

NA DRAMÁTICA HISTÓRIA da psicologia, em que tantos caminhos e descaminhos foram trilhados, surgiu neste século de novidades violentas a psicologia da morte, resultante das ressurreições clínicas produzidas nos hospitais, através das técnicas médicas de restabelecimento das pulsações cardíacas em pessoas vitimadas por morte súbita. Nos Estados Unidos tornou-se famosa a dra. Ross, com suas investigações minuciosas sobre as sensações e visões ocorridas durante o estado mortal e descritas pelos pacientes ressuscitados. A psicologia voltou à fase da introspecção, dependendo dos relatos dos pacientes, mas já agora apoiada em longas e profundas pesquisas instrumentais. Os relatos dos pacientes podem ser comparados com as observações e as sondagens clínicas. A verdade é que esses fatos sempre ocorreram, em todo o mundo, mas só agora estão sendo submetidos à pesquisa científica. A mecânica da técnica de ressurreição, com massagens e ginástica dos braços deu tranquilidade ao materialismo científico. Mas a inquietação provocada pelos relatos orais dos pacientes criou alguns problemas, impedindo a explicação simplória da vida como efeito de mecanismos orgânicos. A morte perderia com isso o seu prestígio e a vida se transformaria numa questão de relojoaria. Bastaria acionar o pêndulo parado para se pôr o defunto no prumo e restabelecer o seu tic-tac. Mas a vida e a morte não se mostraram assim tão dóceis, não quiseram satisfazer os biólogos e químicos empenhados em produzir vida em laboratório. Não obstante, nesse caso não apareceram as intervenções de poderes extracientíficos, à maneira do que fizeram os clérigos no passado, interromperem as pesquisas com anátemas e maldições. Menos felizes que os psicólogos da morte foram os pesquisadores soviéticos que, na Universidade de Kirov, conseguiram provar a existência do corpo bioplásmico dos seres vivos, o que lhes custou a excomunhão estatal, reforçada fora da URSS pelas condenações das Igrejas através de instituições científicas por elas controladas. O mesmo já havia acontecido nos Estados Unidos com o problema da reencarnação e o das pesquisas parapsicológicas. O professor Rhine, da Universidade de Duke, teve de reagir contra os psicólogos que o criticavam, mostrando que usavam contra as suas pesquisas métodos anticientíficos, com simples argumentos, sem a contraprova experimental. Mas tudo isso pertence ao processo de desenvolvimento das ciências, que é uma luta incessante contra os preconceitos e as crendices institucionalizadas. A verdade é que, de todas essas lutas, restou o fato inegável da possibilidade de elaboração da psicologia da morte. A pesquisa no homem vivo reintegra a morte em sua natureza psicobiológica, tirando-lhe os aspectos misteriosos e o sentido de sobrenatural que teólogos e gurus lhe deram através dos séculos. Toda a mitologia igrejeira da morte, da ressurreição e do renascimento ou reencarnação caem por terra com seus arranjos e adereços, para que a morte, como a Verdade, possa sair do fundo do poço com sua nudez clássica.

Ao mesmo tempo, no precioso filão das explorações da morte, de que tanta gente tem vivido à tripa forra, surgiram as tentativas de manutenção da morte em conserva, com os cadáveres de milionários congelados, em catalepsia forçada, na manutenção precária de uma subvida sem nenhuma perspectiva. Faltam-nos os recursos básicos para uma experiência realmente científica nesse campo, que são o frio absoluto e um soro mágico que impedisse as queimaduras do gelo absoluto, que Barjavel inventou em *Nas noites dos tempos*, em termos de ficção científica.

Mas como a esperança é a última que morre e os milionários podem pagar todas as esperanças, é evidente que essas tentativas prosseguirão livremente. As pesquisas parapsicológicas provaram a existência da percepção extrassensorial nos animais. Nas pesquisas espíritas, mais antigas e mais profundas, as manifestações físicas de animais foram amplamente verificadas. Animais domésticos mortos foram materializados, comprovando a sua sobrevivência ao fenômeno da morte. Em São Paulo, no famoso Grupo Espírita de Odilon Negrão, deu-se a manifestação ectoplásmica inesperada de um cachorro de raça, pertence à família de um amigo. Três médiuns de materializações participam da reunião: d. Hilda Negrão, o dr. Urbano de Assis Xavier, cirurgião-dentista, e o dr. Luis Parigote de Sousa, médico. Nenhum dos presentes pensava no cachorro, que morrera na fazenda da família, em São Manuel. Foram os espíritos controladores do trabalho que anunciaram a presença do animal, pelo fenômeno de voz-direta (a voz do espírito vibrando no ar, sem intermediário mediúnico). Dr. Antonio, presente, foi quem reconheceu o animal, que, materializando-se, dirigiu-se a ele, festejando--o. O professor Ernesto Bozzano, famoso cientista e pesquisador espírita de Milão (Itália), verificou e estudou vários casos dessa natureza. Os anais das Sociedades de Pesquisas Psíquicas da Inglaterra e dos Estados Unidos registram numerosas dessas ocorrências espontâneas. Conan Doyle, o famoso escritor e historiador inglês, médico e pesquisador psíquico, obteve fotografias de fenômenos semelhantes. Kardec foi o primeiro a constatar essa realidade, hoje na pauta das pesquisas parapsicológicas.

John Gunther, famoso repórter e ensaísta alemão, em seu livro *Nestes tempos tumultuosos*, nas vésperas da Segunda Guerra Mundial, relata curiosa manifestação de um cachorro de raça, de grande porte, que assombrava um hotel de luxo da Baviera. A manifestação se deu na sua frente, na escadaria do hotel. Esses fatos puseram por terra as teorias cartesianas sobre o animal-máquina, movido apenas por instintos, e as doutrinas religiosas que atribuem alma exclusivamente aos seres humanos. Esse antropocentrismo, bem ao gosto da vaidade dos homens, já foi também abalado pelas pesquisas da psicologia animal e pelas pesquisas parapsicológicas. Com isso, reafirma-se o princípio espírita da evolução geral dos seres através das espécies, sustentadas por Roussel Wallace, o cientista inglês que se opôs ao materialismo das teorias de Darwin. Resultados de pesquisas e fatos espontâneos demonstram que a lógica da Natureza é superior à lógica pretensiosa dos homens.

A psicologia sem alma, de Watson, nos Estados Unidos, negou a própria alma humana, baseando-se nas teorias do reflexionismo russo de Bechterev e Pavlov, mas acabou reduzida a um sistema mecanicista de interpretação do homem.

Freud não era espiritualista, mas foi obrigado a penetrar nas profundezas da alma em suas pesquisas do inconsciente. A complexidade do dinamismo anímico por ele revelada contraditava flagrantemente com a simplicidade não raro ingênua das suas conclusões negativistas. Contrariando Descartes, que descobriu na sua própria alma a ideia de Deus e elevou esse fato à condição de lei universal, Freud perdeu-se nos subterrâneos da libido e considerou a ideia de Deus como simples introjeção do mito fálico no inconsciente. Carl Jung, seu discípulo, insurgiu-se contra o mestre, formulando a teoria dos arquétipos, em que o arquétipo supremo é a ideia de Deus, que Kant considerou como o supremo conflito formulado pela mente humana. Em seu livro *O homem descobre sua alma*, Jung sustenta a impossibilidade ontológica de excluirmos a alma da realidade ôntica da pessoa humana. Nesse livro, Jung declara, em 1944, estar convencido de que "o estudo científico da alma é a ciência do futuro". No campo da parapsicologia a contribuição de Jung foi a mais importante, com sua teoria das coincidências significativas, com a qual superou as grosseiras comparações da mente com as emissões radiofônicas, demonstrando que não há emissões de energias físicas no processo telepático, mas coincidências mentais num plano de afinidade suprassensível. Em suas memórias, Jung relata fatos paranormais de que foi participante e até mesmo produtor, certa vez quando discutia o problema com Freud, tendo este se negado a analisar a questão, que lhe parecia fora do seu campo de estudos.

Para Rhine, a psicologia não pode desviar-se do seu objeto, que é a alma. Por isso acusou a psicologia atual de haver perdido o seu objeto, transformando-se numa 'ecologia', como ciência do comportamento humano, das relações do sujeito com o meio em que vive. A psicologia da alma abrange necessariamente o novo ramo das ciências psicológicas, que revela a dinâmica essencial das relações corpo – alma durante a vida e no momento da morte, quando a alma ou espírito se liberta de seu condicionamento carnal. Já dizia o padre Vieira: "Quereis saber o que é a alma? Vede um corpo sem alma." A morte é o momento em que a alma e seu instrumento de manifestação material, o corpo carnal, se mostram separados. Nesse estado de separação o corpo material se imobiliza e o corpo bioplásmico dos pesquisadores russos da Universidade de Kirov continua em atividade, desprendendo-se do corpo carnal. O corpo espiritual da tradição cristã, que Kardec chamou de 'perispírito', pois se apresenta como um envoltório semimaterial do espírito propriamente dito, foi considerado pelos russos como da vida. A designação científica de 'bioplásmico' o define em sua natureza e em suas funções.

Bio, porque é vida, corpo vital, e plásmico porque é constituído por um plasma físico, elemento formado de partículas atômicas livres, não ligadas a nenhuma constelação atômica, a nenhum átomo. Esse corpo, que foi fotografado pelos russos, através de câmaras Kirlian de fotografias paranormais, apresenta-se brilhante e transparente como se fosse de vidro. As pesquisas com vegetais e animais, em Kirov, provaram que esse corpo rege todas as funções do corpo carnal e oferece uma visão total do estado de saúde, doença ou aproximação de estados mórbidos do corpo carnal. Tudo isso corresponde exatamente ao que a pesquisa espírita já havia revelado sobre o perispírito. O corpo carnal só se cadaveriza quando o corpo bioplásmico se desligou completamente dele. Então a morte se consuma. É importante que essa descoberta tenha sido feita na URSS por cientistas materialistas, confirmando plenamente as conquistas da ciência espírita, feitas por Kardec e por cientistas do maior renome como Crookes, Richet, Crawford, Zöllner, Schrenck-Notzing, Paul Gibier, Ochorowicz, e outros. Tivemos ocasião de ver esse corpo em algumas de nossas experiências mediúnicas, muito antes das pesquisas de Kirov. As pesquisadoras da Universidade de Prentice Hall, nos Estados Unidos, que foram à URSS, viram as fotografias e entrevistaram os cientistas responsáveis pelas pesquisas de Kirov, mostrando deslumbradas com o corpo espiritual do homem. O relato completo dessa descoberta pode ser lido no livro *Experiências psíquicas por trás da cortina de ferro*, de Lynn Schroeder e Sheila Ostrander, da Editora Cultrix, São Paulo. O título inglês não se refere a experiências, mas a descobertas. A edição original americana é da própria Universidade de Prentice Hall, mas há edições posteriores da Editora Bentham Books, de Nova York.

A psicologia da morte não ficará certamente restrita aos problemas específicos da relação alma-corpo. A morte nasce das entranhas da vida. Por isso, vida e morte caminham juntas, de mãos dadas, ao longo da existência. Costuma-se dizer que começamos a morrer desde que nascemos. Buda dizia que a morte nos visita 75 vezes em cada uma das nossas respirações. A psicologia da morte, portanto, deve começar na vida, pesquisando as diversas formas por que as criaturas em geral encaram a morte, como a sentem em relação a si mesmas e em relação aos outros, que influências a morte exerce na vida das pessoas. Quais os sentimentos que determinam certas atitudes em face da morte, como se encara hoje o problema das exigências religiosas na hora da morte e nos funerais, qual o efeito do terror da morte no comportamento das criaturas em várias idades, como se poderá mudar tudo isso em favor de condições melhores e assim por diante. A observação de Heidegger sobre a nossa tendência de sempre falarmos da morte como sendo dos outros e não nossa merece especial atenção nas pesquisas. Vivemos num mundo que só conhecemos por uma face, embora sabendo que a outra face nos espreita. Conhecemos a face da vida, sempre voltada para nós, mas nada ou quase nada sabemos da face da morte. Que efeitos terá essa situação em nosso psiquismo? Os homens se matam por coisas mínimas. Quais os impulsos reais que levam os homens a essa situação brutal e inconsequente? Por que a morte parece não afetar a maioria das criaturas, que vivem sem preocupação com ela?

Se a psicologia da morte não se interessar pela vida, fracassará em sua tentativa de esclarecer os problemas da morte e ajustar-nos conscientemente ao fato de que nascemos para morrer. Só poderemos compreender a vida depois de compreendermos a morte. Não é estranho que tenhamos feito tudo ao contrário, até agora, temendo e ao mesmo tempo desprezando a morte? A morte é certa, dizem com indiferença. Não obstante, e morte é geralmente incerta, pois não sabemos quando e de que maneira chegará. Se todos nos interessássemos mais pela morte, não poderíamos viver melhor, com menos ambições e menos desesperos inúteis? A psicologia da morte não surge por acaso. Na mortalidade massiva do nosso tempo a morte adquire maior importância que a vida. Porque sabemos que estamos na vida e a conhecemos bem. Mas e a morte?

OS MORTOS RESSUSCITAM

A RESSURREIÇÃO DOS mortos no último dia, no fim dos tempos, é uma alegoria judaica de que Jesus se serviu, como de tantos outros elementos do Judaísmo, para ensinar o sentido verdadeiro da morte como transição ou passagem de um mundo para outro, do mundo material para o espiritual. O último dia é apenas aquele em que morremos. O fim dos tempos seria o fim do mundo, mas de que mundo? A imaginação rabínica antecedeu com vantagem à dos teólogos cristãos. Mais integrada nas tradições proféticas do Fértil Crescente a imensa região oriental descrita por John Murphy na sua *História das religiões*, os rabinos judeus dispunham das 'excitações' naturais da época em que um novo mundo estava sendo construído na Terra.

A era apocalíptica judaica, de que o Apocalipse de João nos dá uma imagem alucinante, foi o mundo mágico das profecias judaicas. Jesus, judeu nascido na Galileia dos gentios, em meio aos gregos da Decápolis, salvou-se da helenização graças à humildade e pobreza da sua família. A profissão de carpinteiro que o pai lhe transmitira, segundo os costumes da época, livrou-o das influências herodianas que fizeram de Madalena uma cortesã grega típica. Educado na sinagoga, recebendo a bênção da virilidade aos treze anos, no templo de Jerusalém, Jesus era um judeu entre judeus. Sua inteligência excepcional, a elevação natural do seu espírito lhe permitiam servir-se dos elementos da cultura judaica para transmitir aos judeus suas ideias generosas, tentando romper o terrível sociocentrismo judaico, racista e pretensioso, que até hoje perdura de maneira chocante na arrogância e na insolência do novo Estado de Israel. Esse esforço generoso de Jesus, como podemos ver hoje, não surtiu os resultados que um deus grego, por exemplo, poderia ter obtido. Os romanos, que se casavam bem com as antivirtudes judaicas, teriam feito de Jesus o messias esperado se a helenização herodiana o tivesse envolvido. Mas o jovem carpinteiro integrou-se de tal maneira nas aspirações grandiosas do Judaísmo, e se apegava tanto às suas ideias generosas de renovação do mundo, que seu destino só podia ser, no covil de cobras do rabinato, a condenação à morte infamante na crucificação romana. Essa visão racional da vida de Jesus, que não nos seria possível depois do fim do mundo antigo, foi de tal maneira envolvida pelas alucinações proféticas do Judaísmo, pelas fascinações mitológicas da era massivamente dominada pelos mitos, e logo mais pela efervescência das seitas judaicas, das influências filosóficas e míticas da cultura grega e pelas manobras habilíssimas da política imperial romana, que chegou até nós na forma-disforme e atormentada de um sincretismo cultural assustador. O jovem carpinteiro foi transformado em mito, em rei e, por fim, num deus grego que absorvia em sua natureza os poderes totais do messias, de Iavé, de Zeus e de Júpiter. Roma rendeu-se a esse sincretismo por força das circunstâncias, mas com a condição de manter em suas mãos imperiais as rédeas da nova era. A queda do Império pela invasão dos bárbaros e a subjugação posterior de Bizâncio – aumentando o sincretismo cultural, quantitativa e qualitativamente pela turbulência e a vitalidade dos povos bárbaros, completou-se na desfiguração mitológica do cristianismo, de maneira irremediável, no trágico totalitarismo sagrado do medievalismo. Por isso, quando os primeiros ventos da Renascença começaram a soprar sobre a Europa orientalizada, abalando a estrutura gigantesca e toda poderosa da Igreja, a insurreição luterana desencadeou as forças adormecidas da renovação dos tempos. E quando um jovem seminarista, Ernest Renan, resolveu passar a limpo a história cristã, só não foi queimado em praça pública porque, como assinalou Kardec, a cauda da Inquisição já se arrastava em terras de Espanha.

Sem a compreensão rigorosamente histórica desse vastíssimo e trágico panorama, despido das fantasias mitológicas e aliviado das toneladas de quinquilharias sagradas com que Roma o asfixiara, não poderíamos compreender a formação do mundo moderno, de cujas entranhas nascemos para decifrar os enigmas atordoantes da Esfinge Romana. A loba nos devoraria com a impiedade dos césares.

Os mortos ressuscitam, não no fim dos tempos no último dia, pois que iriam fazer com sua ressurreição no vazio, no mundo sem tempo ou no tempo sem mundo? E de que lhes serviria ressuscitar, no fim dos milênios com seus miseráveis corpos doentes e deformados, aos quais Deus, num excesso de crueldade, concederia a vida eterna com suas doenças e aleijões?

Essa ideia espantosa, que parece derivada das tragédias gregas, saiu da cabeça de teólogos iluminados pelas fogueiras medievais, ante à lição de Jesus a Tomé, que teve de tocar com os dedos as chagas da crucificação nas mãos do mestre, para acreditar que era mesmo Jesus quem ali se apresentava, no cenáculo dos apóstolos. Apesar das muitas manifestações de mortos ressuscitados em estado de pureza e beleza etérea, que ocorriam no culto pneumático ou culto dos espíritos, na era apostólica, os teólogos vesgos acharam que os mortos teriam de ressuscitar com suas marcas e aleijões. E como Deus lhes conferia a vida eterna, eles continuariam assim pela eternidade. É tão obtusa essa dedução que custamos a acreditar que tantos homens de estudo, tantos mestres do passado e do presente tenham endossado e ensinado ao povo essa burrice sumária. Untersteiner, em *A fisiologia do mito*, tentou esclarecer a função racional do mito no desenvolvimento da cultura. Onde colocarmos tudo isso: razão, fé e cultura, diante de um corcunda, como o da Catedral de Notre Dame de Paris, na ficção de Victor Hugo, ressuscitado com seu corpo disforme para arrastá-lo pela eternidade? E que dizer do suplício dos mortos que tiveram de sofrer a decomposição de seus corpos na terra durante milênios, à espera desse prêmio terrorista de uma recomposição divina de suas mazelas e aleijões eternizados?

Tudo isso não mereceria o gasto de papel e tinta que estamos fazendo, não fosse a aceitação maciça e inconsciente dessas e outras coisas semelhantes que os teólogos inventaram e os clérigos semearam no mundo. O simples fato de se tratar disso já é ridículo, mas devemos nos expor ao ridículo quando o amor à verdade e o amor ao próximo nos exige esse sacrifício. Os novos teólogos, surgidos do inferno da II Guerra Mundial, levantaram-se contra esses absurdos, mas por sua vez propuseram o absurdo maior da morte de Deus. O padre Teilhard de Chardin procurou contribuir para a renovação teológica em nossos dias, mas por pouco não foi excomungado. A Igreja eterna não abre suas janelas aos ventos renovadores. Não pode deixar de ser o que foi. As correntes de pensamento renovador não são aceitas pela Igreja. As lições de Jesus sobre a ressurreição dos mortos abrangem os problemas da ressurreição propriamente dita e da reencarnação. Os textos evangélicos são de absoluta clareza. No caso de João Batista como reencarnação de Elias, no do cego de nascença, no diálogo límpido e indeturpável com Nicodemos e em outras passagens, mas particularmente na discussão com os apóstolos a respeito dele mesmo, Jesus não deixou dúvidas possíveis, mas os teólogos se incumbiram de criar as dúvidas que a Igreja semeia há quase dois milênios. Se Jesus não concordasse com o princípio, teria corrigido os discípulos, como o fez de maneira enérgica em tantas ocasiões. Jesus ouviu pacientemente o que diziam dele: antigo profeta que ressurgira dos mortos (reencarnação) o Cristo, Filho de Deus (encarnação messiânica) não havendo nesta, em virtude da sua missão, o problema das provas. Depois da crucificação, as provas individuais concretas de sua ressurreição no corpo espiritual. Os teólogos, ignorando as leis desses fenômenos e imbuídos de superstições mitológicas, não perceberam que Jesus aprovara a tese reencarnacionista, confirmando porém, como certa, a da encarnação messiânica, que era o seu caso. Mais tarde tudo se esclareceria com as provas dadas aos discípulos, a começar por Madalena, de que ressuscitara em espírito, como todos ressuscitaremos. Também não perceberam, que no caso da transfiguração no Tabor, com a prova da ressurreição de Moisés e Elias, e com a sua própria transfiguração no corpo espiritual, antecipara a demonstração prática do que teoricamente ensinava. Naquele tempo os judeus confundiam, como observa Kardec, reencarnação com ressurreição. Compreende-se que os teólogos cristãos continuavam e continuam, até hoje, jejunos no assunto, como os judeus antigos. Convém lembrarmos, também, da afirmação de Jesus, de que poderia destruir e reconstruir o seu templo em apenas três dias. Tudo isso escapou aos teólogos e aos clérigos cristãos, que até hoje com raras exceções, nada aprenderam a respeito. A resposta de Jesus a Nicodemus, advertindo-o de que, se não o entendia quando falava das coisas da Terra (reencarnação como novo nascimento na carne e no espírito) como queria entender as coisas celestes.

Essa advertência continua a pesar sobre as igrejas cristãs atuais em todo o mundo. Coube ao apóstolo Paulo explicar, na primeira epístola aos Coríntios, que temos corpo material (animal) e corpo espiritual, e que este corpo, o espiritual, é o corpo da ressurreição. Com essa explicação, Paulo, que havia reconhecido na estrada de Damasco o Cristo no esplendor do seu corpo espiritual, ensinava aos cristãos da Igreja de Corinto que Jesus havia ressuscitado ao terceiro dia no seu corpo espiritual e não no seu corpo carnal. Se os coríntios compreenderam isso, não sabemos, mas sabemos com certeza absoluta que as igrejas cristãs dos nossos dias ainda não perceberam nada desse grave e importante problema, que é suficiente para renovar as suas igrejas secretas. Até agora as Igrejas faziam, na Semana Santa, a procissão do Senhor morto, enterrando de novo, simbolicamente, o corpo de Jesus.

A ciência espírita provou cientificamente que os espíritos, em suas aparições tangíveis, como agêneres, mostram-se capazes de fazer todos os atos de uma pessoa viva encarnada: comem, bebem, apertam as mãos dos amigos, conversam, partem o pão eassim por diante. Porque Jesus fez tudo isso em seu corpo espiritual, teólogos e clérigos andam pregando até hoje que ele ressuscitou na carne. Entretanto, a ressurreição de entre os mortos, na carne, nada tem a ver com as aparições tangíveis, pois é a reencarnação do morto em novo nascimento carnal. Todos morremos, mas todos ressuscitamos. Por isso não somos mortais, mas imortais. Mortal é o corpo material de que nos servimos para – segundo as filosofias da existência – nos projetarmos no plano existencial. Na Terra, só existimos quando integramos a humanidade encarnada. Os filósofos existenciais, até o materialista Sartre, são obrigados a admitir uma anterioridade do nosso ser (onde e como?) para podermos nos projetar na existência. Sartre diz apenas que, antes de existir, somos o 'em si', uma coisa viscosa e fechada em si mesma, que se projeta no 'para si', a existência material, para fazer o trajeto da vida em direção à morte, buscando a síntese do 'em-si-para-si', que seria a nossa passagem para o plano divino. Mas Sartre acha que o homem é uma paixão inútil, pois não consegue atingir a divindade.

Apesar de sua confusão, Sartre é mais coerente nessa tese do que os teólogos cristãos. Pois estes nos enterram e nos sacramentam para fazer-nos dormir nas catacumbas até o fim dos tempos, à espera do juízo final.

Mas a mais difícil tarefa da educação para a morte é precisamente a de quebrar esse condicionamento milenar, integrando os homens numa visão mais realista da vida. Os fatos são de todos os tempos e estão ao alcance de todas as criaturas dotadas de bom senso. Hoje, graças à abertura científica produzida pelo avanço acelerado das ciências, não se pode admitir que pessoas razoavelmente cultas continuem amarradas – como acontece na própria parapsicologia, ao sincretismo teológico do tomismo de Tomás de Aquino, como acontece com Robert Amadou na França, ou às teorias peremptas do velho René Sudre, que volta a tocar o seu realejo enferrujado em nossos dias. O realejo de Sudre foi desmontado por Ernesto Bozzano no século passado, e isso de maneira irremediável, com a técnica, a lógica e a precisão matemática de Bozzano. Mas o velho teimoso ainda o põe a funcionar, para delícia dos ouvidos esclerosados que não percebem o som rascante das peças carcomidas pela ferrugem. "Morrer não é morrer, meus amigos, morrer é mudar-se", exclamou Victor Hugo após as experiências espíritas de seu exílio na ilha de Jersey. Lombroso, contendo a emoção, abraçou sua mãe materializada na casa do professor Chiaia, em Milão. Frederico Figner, judeu ortodoxo, tornou-se espírita na sessão de Belém do Pará em que a médium Ana Prado lhe devolveu a filha morta, a menina Rachel, que voltou a abraçá--lo e à sua esposa, sentando-se no colo de ambos e advertindo a mãe de que devia tirar o luto, pois ela, Rachel, como provava naquele momento, não morrera. Richet, o fisiologista do século, escreveu a Schutel: "A morte é a porta da vida." Rhine, Pratt,

Caringthon e Price, em nossos dias, comprovaram e sustentam com provas nas mãos a sobrevivência do homem à morte do corpo material. Lord Daofinng, na batalha de Londres, da Segunda Guerra Mundial, conversou com seus aviadores mortos sobre o território alemão. Seriam todos alucinados, teriam perdido o senso e a capacidade de discernimento para aceitar trapaças indignas? Seremos acaso melhor dotados do que essas grandes figuras da nossa vida cultural? De que elementos dispomos para rejeitar a nossa própria sobrevivência? Que contraprovas podemos opor ao nosso próprio direito de superar a morte – a destruição total do ser humano, num Universo em que nada se destrói?

Esta edição foi impressa nas gráficas da Assahi Gráfica e Editora, de São Bernardo do Campo, SP, sendo tiradas quatro mil cópias, todas em formato fechado 140x210mm e com mancha de 90x158mm. Os papéis utilizados foram o ofsete Chambril Book (International Paper) 90g/m^2 para o miolo e o cartão Vitabianco (Papirus) 250g/m^2 para a capa. O texto foi composto em Goudy Old Style 12,5/14 e os títulos em Cooper Hewitt 32/37. Mariana Sartor e Tatiana Cury Pires realizaram a revisão do texto. Bruno Tonel elaborou a programação visual da capa e o projeto gráfico do miolo.

Outubro de 2016